世界の歴史の旅

フランス ②

Heritage of World History
中央の山並から南へ
Traveling southward from
the Central Mountains

福井憲彦・稲葉宏爾・著・写真

山川出版社

はじめに

　一人の人物にさまざまな面があって、はじめて人としてのふくらみが実感できるのと似て、一つの国や社会にも多様な顔つきが内包されている。それによって、その国に培われてきた独特な文化とでもいえそうなものが、多面的に醸し出されるのではないか。日本にしてもそうであろうし、フランスについてもそうである。

　本書では、フランスのほぼ中央に位置している大きな山並、中央山地から南に焦点をあわせて旅に出てみたい。第Ⅰ部では、太古の昔から今にいたる歴史の旅に、第Ⅱ部ではじっさいに体を運んで町や村、海辺や谷間に、豊かな人の営みと自然とを訪ねる旅に。

　このフランスのほぼ南半分は、いわゆる南フランスといわれる範囲よりかなり広い。ふつうミディといわれる南フランスは、リヨンから南にローヌ川を下ってヴァランスを過ぎたあたりから地中海域一帯をいうのだ、とフランスの人たちはいう。とくに厳密な定義があるわけではないが、北から下れば、たしかに空の青が違ってくる。

　それよりもかなり広い範囲を本書がとっているのは、姉妹篇である『フランス1』が「ロワール流域から北へ」旅するものだからである。中央の山並から南は、まことに多様性に富んだ地形が素晴らしい自然を培ってきた。そのなかで、町や村がその美しい姿を輝かせ、古くから暮らしてきた人びとの営みの厚さを、来訪者に、いろいろなかたちで見せてくれる。およそあきることのない、万華鏡のような世界といったらよいであろうか。

　たしかにこの世界に根づいて暮らす人たちにとって、現代の状況は生やさしくはない。けれども、南の人たちに感じられるなんとなしの明るさは、太陽のせいばかりではあるまい。きっと、心の豊かさを受け継いだ生き方上手なのだと思う。

　首都のパリだけがフランスではない。地方に出てみよう。南のフランスに出かけ、パリとは違った歴史と文化を豊かに受け継いできた、それぞれの土地に根づいた世界を訪ねてみよう。きっと、新しい気づきや感動が待っている。

　　　2009年、冬の足音を感じながら
　　　　　　　　　　東京でⅠ部を担当した　福井　憲彦
　　　　　　　　パリでⅡ部と写真を担当した　稲葉　宏爾

第Ⅰ部
ラスコーの洞窟からEU時代まで ── 歴史の起伏を乗り越えて

1. 中央山地から南の自然地理 ── 10
2. 先史時代からローマ帝国へ ── 20
3. ゲルマン諸族の侵入からフランス王国へ ── 32
4. 王国に組み込まれるフランス南部 ── 40
5. 近世絶対王政と南の世界 ── 54
6. 革命とナポレオン帝政 ── 64
7. 経済・社会の近代化のなかで ── 72
8. 二つの大戦と海外植民地 ── 78
9. 統合ヨーロッパの時代に ── 86

コラム 歴史の厚み
① サン・マロ＝ジュネーヴ線という言説 ── 19
② 転用される古代ローマ遺跡 ── 31
③ トルバドゥールと宮廷文化 ── 39
④ サンチャゴ・デ・コンポステラへの道 ── 52
⑤ 周辺の独自世界 ── 63
⑥ ラ・マルセイエーズ ── 68
⑦ ワインの危機 ── 77
⑧ トクヴィルとアルジェリア ── 85
⑨ DOM-TOMとクレオール文化 ── 90

第Ⅱ部
山間の街と陽光の海岸へ ── 南フランスの旅

ポワトゥ・シャラント ── 92
ポワチエ　サント　アングレーム　ラ・ロシェル

アキテーヌ ── 100
ボルドー　サン・テミリオン　バスク地方の街
ヴェゼール渓谷　ペリグー　サルラ・ラ・カネダ
ドム

リムーザンとオーヴェルニュ ── 116
リモージュ　クレルモン・フェラン　ティエール
ブルボン・ラルシャンボー　ヴィシー　イソワール
ブリウッド　ル・ピュイ・アン・ヴレ

ミディ・ピレネ ── 130
モワサック　カオール　トゥールーズ　アルビ
コルド・シュル・シエル　コンク

ラングドック・ルシヨン ── 140
カルカソンヌ　ペルピニャン　ベジエ　セト
モンペリエ　ニーム

ローヌ・アルプ ── 152
リヨン　シャンベリー　アヌシー　グルノーブル
シャモニー・モンブラン

**プロヴァンス・アルプ・
コート・ダジュール** ── 162
アヴィニョン　オランジュ　アルル
レ・ボー・ド・プロヴァンス　エクサン・プロヴァンス
マルセイユ　トゥーロン　イエール　グラース
アンティーブ　マントン

コルス（コルシカ） ── 182
アジャクシオ　コルテ　バスティア

コラム 場所の魅力
① ボルドー・ワイン ── 105
② 自治要塞都市バスチッド ── 115
③ チュルゴとリモージュの磁器 ── 119
④ トニー・ガルニエの公共建築 ── 155
⑤ ファーブルの村 ── 167
⑥ ユニテ・ダビタシオン ── 173
⑦ 南の光に惹かれた画家たち ── 179

旅の終わりに ── あとがきにかえて ── 188
索引 ── 189

アヴィニョンの橋

プロヴァンス、オランジュの街並

フランス歴史年表（中央の山並から南を中心に）

年号	事項
前9世紀	このころケルト人、ガリアに移住
前52	カエサル、ガリア軍を破る。ローマによる支配へ
418	西ゴート、アクイタニアに定住、トゥールーズ王国建設（〜507）
476	ゲルマン諸族侵入のなかで西ローマ帝国解体
486	クロヴィス、メロヴィング朝フランク王国を創建
507	クロヴィス、西ゴート王アラリック2世を破る
719	アラブ勢力、ナルボンヌを占領
732	トゥール・ポワチエ間の戦いで、フランク軍が北進するアラブ軍を撃破
751	小ピピン、カロリング朝フランク王国を創建
800	カール大帝（シャルルマーニュ）、ローマ皇帝として戴冠
843	ヴェルダン条約により、フランク王国3分割
987	カロリング朝途絶え、カペ朝フランス王国成立
990	ナルボンヌでの司教会議で「神の平和」運動、本格的に開始
1096	第1回十字軍遠征開始、トゥールーズ伯など指揮官として参加
1152	アキテーヌ女公アリエノール、アンジュ伯アンリ・プランタジュネと再婚
1154	アンジュ伯アンリ、ヘンリ2世としてイギリス王となる
1209	アルビジョワ十字軍によるカタリ派攻撃本格化（〜29）
1214	フィリップ2世オーギュスト、イギリス軍を破り王権基盤を強化
1226	ルイ8世、カタリ派の本拠トゥールーズを制圧
1270	ルイ9世、第7回十字軍遠征途上チュニスで没、フィリップ3世即位
1303	フィリップ4世、教皇ボニファチウス8世と対立、一時教皇を捕縛
1309	教皇クレメンス5世、アヴィニョンに教皇庁移転（〜77）
1312	テンプル騎士団廃絶、財産没収
1328	カペ朝途絶え、フィリップ6世からヴァロワ朝となる
1337	イギリス王エドワード3世、フランス王位継承権を主張
1339	英仏百年戦争始まる（〜1453）
1347	ペスト、南フランスに上陸、翌年全土に流行、人口激減
1349	フランス王権、ドーフィネ地方を購入
1378	ローマとアヴィニョンに教皇並立、教会大分裂（〜1417）
1422	王太子シャルル、アルマニャック派の支持でロワール以南を支配
1429	ジャンヌ・ダルク、オルレアン解放。シャルル7世の戴冠
1453	カレのみイギリス領として残し、英仏百年戦争終結

年号	事項
1494	シャルル8世イタリアに侵攻、イタリア戦争開始（〜1559）
1515	フランソワ1世即位、イタリア戦争を再開しミラノを占領
1521	ヴァロワ朝とハプスブルク朝の対立激化
1539	ヴィレル・コトレの王令、フランス語を公用語に指定
1541	カルヴァン、スイスのジュネーヴで神政政治を開始
1547	パリ高等法院に異端審問部を特設、異端と新教徒弾圧を強化
1551	アンリ2世、カルヴァン派を禁止
1572	新旧両教徒の対立激しく内戦状態のなか、聖バルテルミの虐殺
1589	アンリ3世暗殺され、ヴァロワ朝途絶え、ブルボン朝へ
1598	アンリ4世、ナントの王令を発布し、宗教戦争を収拾
1610	アンリ4世暗殺され、ルイ13世即位
1624	リシュリュ宰相に着任、王権の強化に向かう
1627	リシュリュ、新教徒の拠点ラ・ロシェル攻囲を開始
1635	フランス王国、三十年戦争に介入、新教国とも同盟（〜48）
1636	南西フランスで反税農民一揆「クロカンの乱」起こる
1648	王権強化に反発するフロンドの乱勃発（〜53）、ルイ14世パリ脱出
1659	ピレネ条約でスペインからルションを獲得
1664	コルベール、東インド会社を再建、重商主義政策を推進
1682	ルイ14世の宮廷、ヴェルサイユに全面移転
1685	フォンテーヌブロー王令でナントの王令を廃止、新教徒弾圧強化
1693	空前の大飢饉起こり、死者多数（1709にも再発）
1702	スペイン継承戦争勃発（〜13）。セヴェンヌ山地で「カミザールの反乱」
1748	モンテスキュー『法の精神』、三権分立を説く
1756	七年戦争勃発（〜63）、インドと北米の植民地でも英仏戦争激化
1768	ジェノヴァからコルシカ島を購入。翌年、ナポレオン誕生
1778	フランス、アメリカ独立軍を支援（〜83）
1788	グルノーブルで高等法院と市民が国王軍に対立
1789	フランス革命勃発、立憲王政から共和政へ（〜92）
1793	前国王ルイ16世処刑、革命独裁へ。革命軍によるリヨン弾圧
1794	テルミドール反動、ロベスピエール派の革命独裁崩壊
1799	ナポレオンによるクーデタ、統領政府発足
1804	ナポレオン皇帝に即位、帝政開始

年号	事項
1815	ナポレオン敗れ、セントヘレナ島に配流。王政復古
1830	アルジェリア征服の開始。七月革命勃発、復古王政倒れ七月王政へ
1848	二月革命起こり、第二共和政へ
1852	ナポレオン3世による第二帝政開始、本格的工業化へ
1860	サヴォワとニースを併合
1870	ドイツとの戦争に敗れ、第二帝政崩壊。アルザス・ロレーヌを割譲へ(71)
1871	パリ・コミューンの蜂起と弾圧を経て第三共和政成立
1873	世界経済大不況のはじまり(〜90年代)、経済構造転換へ
1894	植民地省の設置。この前後、世界各地で植民地獲得政策進行
1905	政教分離法成立、反教権主義政策定着へ。モロッコ事件でドイツと対立
1907	南フランスのブドウ栽培農民とワイン製造業者の一揆
1914	第一次世界大戦勃発(〜18)
1919	ヴェルサイユ条約。ドイツからアルザス・ロレーヌを奪回
1936	ブルムを首班とする人民戦線内閣成立
1938	ミュンヘン協定でナチス・ドイツの動きを容認
1939	ナチス・ドイツにたいする宣戦布告
1940	ナチスによるフランス占領開始。南にはヴィシー政権成立
	ラスコーの洞窟、偶然に発見。驚異の壁画があきらかになる
1943	国内レジスタンスの統一、反ナチスのマキ活動激化
1944	連合軍ノルマンディ上陸、ついでプロヴァンス上陸
1945	ベトナムで独立宣言、ついでアルジェリアでも独立運動激化へ
1946	第四共和政発足(〜58)。インドシナ戦争はじまる
1947	マーシャル・プランによる戦後復興開始
1954	ベトナムでフランス軍敗北。アルジェリア戦争開始
1958	第五共和政発足。EEC(欧州経済共同体)発足
1962	アルジェリア独立承認
1967	EC(欧州共同体)発足
1974	移民の新規受け入れを停止
1981	ミッテラン大統領当選、左翼政権発足。超特急TGV営業運転開始
1990	シェンゲン協定調印(95に発効)、EU内の国境廃止へ
1994	EU(欧州連合)発足し、共同経済市場形成へ
1999	EUの単一通貨「ユーロ」誕生

第Ⅰ部
**ラスコーの洞窟から
EU 時代まで**
——歴史の起伏を乗り越えて

モンペリエ旧市街の中庭

1 中央山地から南の自然地理
海と山が織りなす自然の美しさ

　フランスは、日本の約1.5倍にあたる国土が六角形にみえることから、エグザゴンと俗称される。このエグザゴンのほぼ中央を東から西へ、ロワール川の流れが大西洋に注ぎこんでいる。ロワール川は、上流に向かうとフランスのほぼ真ん中で南に折れ、山地を迂回するようにして水源にいたる長大な川である。この山地がマシフ・サントラル、中央山地とか中央山塊と訳される。山脈状ではなく、たしかに全体がでこぼこと盛り上がってマシフとは言いえて妙である。

　フランスの北半分は、広いボース平野をはじめとして全体になだらかな、たおやかな地形をなしている。それにたいして南側は、山と川と海が織りなす抑揚の多い地形で、北フランスとは対照的だ。中央山地から南西に向かって、ガロンヌ川が流れるアキテーヌ平野を越えれば、そこにはスペインとの国境をなすピレネ山脈がそびえている。中央山地から東に向かえば、リヨンからまっすぐ南に流れて地中海へと注ぎ込むローヌ川のはるか向こうに、アルプス山脈が連なって隣国イタリアとスイスへの壁を作っている。

二つの大海──大西洋と地中海

　フランスの北半分を旅する『フランス1』でもふれたが、日本と比べてフランスはかなり緯度が高い。その南半分でも、北海道からサハリンの緯度にあたっている。しかし西には、暖流であるメキシコ湾流がのぼってくる大西洋、南には海を介して北アフリカと接続している地中海、という二つの大海のおかげで、冷涼ではない。西と南を大海に接し、山々が多様な地形をあたえるフランス南部は、地形だけでなく気候もまた彩をゆたかにもっている。

　大西洋沿岸からほぼ100ないし150kmほどまでの一帯、つまり山地にかかろうかというあたりまでが、海洋性気候といわれる年間の気温差が比較的小さい、温暖湿潤型の気候帯に属している。フランスとしては、かなりの湿気を感じる一帯で、細かい雨や霧の出るところも少なくない。もちろん夏

大西洋岸、ラ・ロシェル旧港と旧市街

　はそれなりに暑くて、大西洋沿岸の中央あたりに位置する良港ラ・ロシェルは、ヨーロッパ各地からの大小のレジャーボートでにぎわいを見せ、スペイン国境に近いビアリッツなどは、海辺のリゾートとして19世紀からその名を馳せていた。この大西洋沿岸一帯には湿地帯もかなりあって、いまでは貴重な生態系を残してくれているが、全体に経済的には決して進んだところではなかった。

　大西洋岸からは、船出してブルターニュ半島を迂回すればすぐにイギリスである。したがって歴史的にも、イギリスとの縁は深かった。というより、中世末のいわゆる英仏百年戦争が決着するまで、フランス南西部のかなりの土地がイギリス王家の支配下にあった。いまではワインが有名で知らぬ人もいないボルドー、そこを中心とするアキテーヌ一帯がまさにそうであった。ボルドーは、ガロンヌ川を少し河口からさかのぼったところに位置する川港で栄えた都市である。歴史をさかのぼると、かつては外海に面しているより、安全性からも河口をあがった川港のほうが好まれた。

　地中海沿岸部は、大西洋岸とはまた趣を異にする。古代か

地中海海岸、マントン

シャモニー付近のアルプスの山並

ボルドーのガロンヌ川にかかるピエール橋（石橋）。ナポレオンの命で造られ、長さ487m。

ら商業が活発な地であった。なにより夏の強い陽射しと乾燥した高温が、海辺のリゾートを発展させた。南フランスの気候、という表現で一般に想い起こされるのが、この地中海型の気候である。マルセイユから東へ、軍港としても知られたトゥーロンを過ぎ、カンヌやニースを通って国境の町マントンでイタリアに接する紺碧の海岸は、しばしば映画の舞台にもなり、夏のにぎわいは大変なものだ。ローヌ河口から西にスペインにかけての海岸もまた、近年開発の対象となってきたが、どちらかといえばイタリア寄りとは対照的にひなびている。いずれの側も海岸近くまで傾斜地が迫っているところも多く、灌木の茂った崖地や、斜面いっぱいにブドウ畑やトウモロコシ畑などが広がっている景色は印象に残る。

三つの山並──ピレネ、中央山地、アルプス

西から、3000m級の高山を連ねるピレネ山脈、標高こそ2000m足らずだが大きな塊のような中央山地、そしてヨーロッパ最高峰のモンブランはじめ4000m級の高峰をもつアルプス山脈、三つの山並とその周辺の傾斜地、南フランスのかなりの部分はこれらによって占められている。いずれも山

ピレネ東端、カニグー山は標高2784m。

岳性の気候であることは当然で、とくに高度が上がるほど冬は長く厳しく、雪も多くて気温は低い。夏はかなり暑くなることもあるが、その期間は短い。

これらの山地は、アルプス造山運動といわれる大規模な海底地層の隆起の結果できあがったもので、いまから5000万年も以前のことであった。この造山運動と連動して、中央山地では火山が噴き出し、その結果、印象的な円錐状の山が残された。中央山地でピュイと名づけられている山々である。

いまでこそ、三つの山並は登山やトレッキング、あるいは冬のスキーなど、大自然のなかのスポーツに格好の地となっている。しかし近代化から取り残された村が散在する山間部の暮しは、かつて決して楽ではなかった。フランスでは1963年にアルプス山中のヴァノワーズ国立公園を第一号として、七つの国立公園が指定されているが、そのうちの六公園がすべて、山も海もフランス南半分に位置している。それだけ自然が豊かに保持されている証拠である。国立公園にかぎらず、いまでは豊かな自然のなかの伝統的な美しい町や村の姿は、貴重な財産として評価されるようになった。

リヨンの南、ヴィエンヌ付近のローヌ川

ミストラルが吹き抜ける谷間

　パリにつぐフランス第二の都市リヨンは、ローヌ川とソーヌ川の合流地点に成立した古代ローマの都市を淵源にしている。ローヌ川はリヨンから南下して、中世に一時教皇庁（法王庁）が置かれたアヴィニョンを経て、アルルを通り、野生馬の棲息で有名なカマルグの湿地から地中海へと注ぐ。リヨンから南に下れば、空の青が違ってくる気がする。古代以来の交通路でもあったこの谷間は、かなりの幅をもっているが、そこを冬になると北からの空っ風が吹きぬける。この強風が、ミストラルと呼ばれる南フランスの冬の名物である。

　ローヌ川の上流はリヨンで急に東に折れ、蛇行を繰り返してジュネーヴで水源のレマン湖に到達する。ソーヌ川のほうは、リヨンから北上した上流で、いくつかの運河によってマルヌ川やモーゼル川などとつながる。ヨーロッパ各地で18世紀以来建設が本格化した運河は、各地を結んでいまでも現役である。トゥールーズを通るミディ運河もそうだが、レジャー用の船だけでなく物資運搬用も通っていく。せわしない現代にあって、なんとなくほっとする光景ではないか。

歴史の厚み ①

サン・マロ＝ジュネーヴ線という言説

　サン・マロは、ブルターニュ半島の付け根に位置する、中世には交易で栄えた都市である。『フランス１』にも登場しているように、その中世をしのばせる城壁をめぐらした風情が、多くの観光客をひきつけている。一方ジュネーヴは、世界貿易機構やWHOはじめ国連関係の施設も多い、スイスを代表する国際都市。フランスに隣接したフランス語地域だから、ほとんどフランスにいるのと変わらない。

　直接関係もなさそうな両都市。サン・マロ＝ジュネーヴ線といっても、線路や航空路があるわけではない。これは、フランスを南北に二分して対比するために、19世紀からいわれるようになった区分線である。

　この線の北側は、オープンフィールドの農業が大規模に発展し、はやくから教育もさかんで経済的にも文化的にも先進的である。工業化も進んで、個人を主体とした近代文明に向かう中心となった。人身にたいする犯罪よりも物にたいする犯罪が主流と

なる。これにたいして南側は、山地も多くて散村の小規模農業は発達する余地がなく、交通路も不便で教育も普及しない。近代化がおくれて古い風習が存続し、人間関係は濃密だが、感情的な暴力犯罪が多い。

　どう思われますか、この対比。

　たしかに資本主義的な農業経営の発展や工業化の開始など、全国展開の主導権が北にあったという指摘は、首都パリが北に位置したこともあって当たっている。それにしても、19世紀前半に社会統計学者ダンジュヴィルらが唱えたこの南北対照の図式は、先進化した北では人びとの身長も高く、逆に南は相対的に小柄である、ということまで統計数字を挙げて説かれ、犯罪のタイプと文明化の度合や習俗を結びつける指摘などには、北からする南への偏見が見え隠れしている。その背景には、パリを中心としたオイル語圏の北が、オック語圏やプロヴァンス語圏の南を抑えた、という歴史的な支配関係があった。

中央山地から南の自然地理

2
先史時代からローマ帝国へ
紀元前から5世紀まで

　政治的にも経済的にも結びつきを強める現代ヨーロッパにおいて、かつてシャルルマーニュ（カール大帝、在位768～814）が8世紀から9世紀にかけて統治下に置いた大帝国は、その統合の歴史的起源ともみなされることがある。シャルルマーニュが宮廷を置いたのは、現在のドイツの西部にある都市アーヘンであった。フランス王国が成立したのちも、その拠点パリは、フランス全体からすればかなり北に位置している。

　そういうわけで、中世以降のフランス史が語られるときには、どうしても北半分に主眼が置かれがちとなる。しかし、シャルルマーニュの大帝国が典拠とした古代ローマ帝国は、いうまでもなく地中海一帯を制圧することで覇を唱えた。紀元前から5世紀頃までは、南フランスにこそ歴史の展開の主導権があったといってよい。ただし、まだフランスという国家はなかったのであるが。

先史時代の芸術家たち

　ヨーロッパにおいて、原始的ながら火を用いた定住生活を一定期間すごしたに違いない遺跡のうち、最古に属するものの一つとみなされているのは、ニースの一角にあるテッラ・アマタという遺跡である。この遺跡が属していた40万年前と現在とでは、気候状態も違っていたではあろうが、緯度からすると、おそらく寒さ対策をしなくてもすむ地帯の北限だったのではないか、ともみなされているようである。いまでは絶好のリゾート、昔だって、いや大昔だからこそ、快適な場所を見極めたに違いない、と想像される。しかも、狩猟採集にも適していないと生きてはいけない。農耕牧畜が始まるのは、せいぜい今から8000年ほど以前である。

　原始的といって、あなどってはいけない。産業技術の発達によって快適な生活を手に入れた現代人だが、その現代人が失ってしまった本能的ともいえる能力や技術を、かつての人たちはもっていたに違いない。そう思わせる発掘物は少なくない。石器ひとつ取ってみても、機械なしに作る技術では、

ラスコーの洞窟画（複製。ボルドーのアキテーヌ博物館）

　新石器時代はもちろん旧石器時代にしても、かつての人たちのほうが現代人をはるかに凌いでいたことは間違いなかろう。ヴィーナスと名づけられる女性をかたどった石像にしても、そのフォルムの洗練されていることには驚く。極めつけは、ラスコーの洞窟で発見された一群の壁画である。

　1940年、ドルドーニュ県のモンティニャック村（→p.111）の南方で遊んでいた少年たちが、岩穴に落ちた犬を助けようとして、たまたま洞窟を発見した。なんとそこには主洞や奥洞などの洞窟が広がっており、壁面には総数にして1500とも数えられる主に動物の絵が描かれていたのである。馬の絵が最も多いというが、ほかにも大牛や鹿、猫、狼など、いくつもの種類がリアルに、というよりもみごとなデフォルメで現実感をもって迫ってくる、そういう迫力で壁面全体を埋め尽くしていた。炭素14による年代測定から、1万5000年くらい以前のものと推定されている。1948年から公開されたが、当然ながら見学客の多さから保存上の問題がもちあがり、63年には非公開とされ、83年には近くに精巧な複製の「ラスコーⅡ」が設置された。しかしこれもまた、保存上の問題が

レ・ゼジ付近のヴェゼール川の流れ

生じている。

　壁画の数とその卓越さで世界を驚愕させたラスコーの洞窟は、居住用ではなく、おそらく信仰にかかわる祭祀用のものだったのではないか、と推定されている。この洞窟が位置しているのは、ヴェゼール川の流域である。下でドルドーニュ川と合流するこの川の両岸には、その石灰質の岩地の随所に洞窟の遺跡が残されている。この一帯は、古い遺跡の多い南フランスのうちでも、洞窟や穴居式の遺跡がとりわけ多く発見されている。規模はともかく、壁画もラスコーだけではない。レ・ゼジの町には、国立先史博物館も設置されている(→p.110)。ここは、19世紀に発見された人骨からクロマニョン人の身体的な特徴が明確にされた故地である。崖の上からネアンデルタール人の巨像が見下ろしているのがおかしい。

長髪のガリアからガロ・ローマ社会へ

　西アジア、今のイラク・イラン国境地帯から開始されたとみなされている農耕と移牧を組み合わせた文化は、やがて数千年をかけて地中海域から大西洋岸にまで伝わった。前2千年紀にはローヌ川流域が、ブルターニュ半島と並んで青銅器

レ・ゼジの国立先史博物館とネアンデルタール人の像

文化の進展していた地域とみなされている。冶金術の進歩は、ついで鉄器の製造へと進んでいく。前1千年紀には、鉄器文化をもった人びとがフランス全域に点在していた。ローマが勢力圏を拡大しようとしたときに遭遇したガリア人(ケルト人)は、まさにこれらの人びとの末裔であった。

　前4世紀、諸部族に分立していたガリア人の戦士たちの一部が、イタリア半島に進出して都市ローマまで攻め込み、そこを占拠して略奪の限りを尽くした。実態がいかほどであったのかを正確に知るすべはないが、しかし当のローマ人たちはこの屈辱を忘れることなく伝承した。『ガリア戦記』に伝えられる前1世紀のカエサルによるガリア制圧は、いわばその報復の達成ともいえる。

　こうした戦闘の記憶が強烈だったせいか、歴史の理解においても長らく「ガリア・コマタ」すなわち「長髪のガリア」の人びとは勇猛果敢で好戦的だとみなされがちであった。たしかに勇猛ではあったようだが、しかし研究の進展があきらかにしたところによると、この後世のフランス一帯にいた人びとは、ドルイドという宗教者を中心とした自然信仰に近い

先史時代からローマ帝国へ 23

オピドゥム・アンセリュヌ遺構と中世からの干拓地

イエール海岸、ギリシャ人が築いたオルビア遺跡

信心でまとまり、農業を基盤として商業にも積極的な、相当豊かな生活をもっていた。であればこそ、覇権の拡大を追求するローマはガリア一帯の制圧をねらったのであろう。

　ガリアの人びとは、自然の高みを利用して、防御施設をもった集落を形成することがあった。この高城集落(オピドゥム)はローヌ川やソーヌ川沿い、さらに南の地中海沿岸部にその遺構が多く指摘されている。地中海寄りの中核都市の一つモンペリエから南西に、ベジエ(→p.145)というラグビーが強い町がある。そのさらに南西の郊外にあるのが、オピドゥム・アンセリュヌの遺構である。ここがとくに注目されたのは、発掘によって時代の重層があきらかになったからである。おそらく前3世紀にガリア人が入ってくる以前、ここはギリシャ人の入植者が拠点にしていたらしい。ギリシャ人は早くから地中海各地に植民都市を形成して地中海商業にたずさわっていた。代表的な植民都市マッサリア(現在のマルセイユ)だけでなく、イエール海岸などにもその遺跡が残されている。

　くだんのアンセリュヌは、例のポエニ戦争のさいハンニバルの遠征で破壊されたらしいが、そののち前2世紀も終わろ

アルル、ローマ時代の闘技場、現在でも闘牛や、地元の運動会に使われている。

　うかという頃、ローマがナルボンヌを拠点にガリア最初の属州ガリア・ナルボネンシスを形成すると、要衝の一つとして再構築された。しかしローマの支配が「パクス・ローマーナ（ローマの平和）」といわれる安定を示すようになる1世紀には、この高みの拠点はふたたび放棄された。ちなみに13世紀には、この高みのふもとに広がっていたモンタディの沼が干拓され、現在も目にすることができる広大な農地が確保されるようになる。中世の干拓事業の代表的な事例である。

　ガリアの地は、ローマの初代皇帝アウグストゥスによって全域が属州化されることになった。ピレネからロワール流域にいたる広大な属州ガリア・アクイタニアと、最古の属州ガリア・ナルボネンシスとが、のちの南フランスに属する。リヨンから北、ほぼ現在のフランス北半分とベルギー、南ドイツにまたがる広域は、ガリア・ルグドゥネンシスとガリア・ベルギカとなった。古名ルグドゥヌムが属州の名前にもなっている現在のリヨン、ここがガリア統治の中心となる。

　もともとガリア人の拠点であったリヨンには、ローマ人によって、ローヌ川とソーヌ川の合流地点を見下ろす傾斜地に

ポン・デュ・ガール

サントの凱旋門（ゲルマニクス門）

いかにもローマ的な都市が構築された。その面影は、円形劇場などのいくつかの施設の遺構に現在でもしのぶことができる。前12年、このリヨンにガリア・コマタの全部族の代表が集められ、「ローマとアウグストゥスの祭壇」が奉献された。ここに、皇帝崇拝にもとづくガロ・ローマ社会の端緒があたえられた。ローマ支配が進むなかで、もともとのガリア社会とローマ流の社会や文化とが融合していく。ガリア人とローマ人との混血も進んでいった。現在では、こうした時代の社会をガロ・ローマ社会、人びとをガロ・ローマ人と呼ぶのが慣例となっている。

　リヨンに限らずローマ支配の拠点都市には、首都ローマにならった基本的な都市施設が配置された。とくにそれは、ローマの本拠に近く関係も古くからあった南の都市において、目立っている。アルルやニームに現存しているローマ時代の闘技場コロッセウムは、その規模の大きさが目を奪う。それらの巨大遺構は、ラングドックの重要都市ニームに水を供給するために構築された水道橋ポン・デュ・ガール（→p.151）と並んで、ローマ時代の石積技術の高さを示している。

　中部から南のフランス各地を訪ねると、思わぬところでローマ時代の遺構に出くわして驚くことがある。フランス中西部といったほうがよいかもしれないサントの町も、そのひとつである。ここはシャラント川下流にあって、その流域を治める拠点であった。円形闘技場の遺構から推定すると2万人の収容能力があるというから、相当な規模である。19世紀なかばに、ローマ時代以来の石橋が危険になって取り壊し、その橋掛かりにあった凱旋門がシャラントの河川敷に移築された。碑文からすると正確には凱旋門ではなく、皇帝ティベリウスの弟の養子であった将軍ゲルマニクスが19年に遠征先の東方で死去したのを悼み、献呈されたものだそうである。献呈者の個人名も残されているので、相当の財をなした人がいたということであろう。ゲルマン人対策で能力を示し、ゲルマニクスの名を与えられた若い将軍の死には、皇帝ティベリウスの嫉妬が絡んでいたとも推定されている。いかにもローマ的ドラマを、この門も映しているというべきか。

転用される古代ローマ遺跡

　イタリア本土はもちろんであるが、フランスにおいても、ものによっては古代ローマにまでさかのぼる歴史的な遺構や建造物がたくみに転用され、現在でも市民生活のなかに息づいている情景を見ることができる。

　古代ローマのものに限らず歴史的な建造物を、その歴史ゆえに評価して保存しようという運動は、ヨーロッパの19世紀から各地で生じた。フランスでもそうである。なかには、有名な城塞都市カルカソンヌ（→p.142）のように、中世様式に復元されたところもある。サントの凱旋門を移築保存した動きもその一環で、中心となったのはプロスペル・メリメ、そうあの『カルメン』でも知られる作家で、彼は史跡監督官としても活躍した。

　ただ記念物として保存し眺めるだけではなく、現代にあわせた実用のなかで大切な価値を伝えていこう、という動きが広がったのは、20世紀も終わり近くなってからであろう。石造であるとか地震があまりない、といった日本との違いはあるが、空間の質にこだわる、そのこだわり方が半端ではないという面もあるに違いない。

　もちろん事例はケース・バイ・ケースで賛否両論もあれば、「うーんさすが」と感じられる場合と、「どうもねえ」という感覚にとらわれる場合もある。古代ローマ以来ラングドックの有力都市であったニームの場合には、20世紀最後の10年間ほど、市政のイニシャティヴで都市空間の歴史的な再評価やその現代への適合、空間の質の向上に努めたことで知られる。

　ニームの円形闘技場は巨大であるが、一

ニームの闘技場の仮設ドーム

時、このローマの遺構の中心部分に大きなドーム状の屋根が、もちろん仮設であるが設置されていた。われわれはそうとは知らずに訪ねてまずドームに仰天したが、案内係の説明では、高齢者のための宴会を市当局が用意している最中という。このドームには賛否両論あったようである。

　古代ローマのフォールム（広場）があった別の場所では、広場中央の古代神殿建築が「メゾン・カレ（四角い家）」と名づけられて展覧会場とされ、そのすぐ脇ではノーマン・フォスター設計の低層の現代ガラス建築が、「カレ・ダール（芸術の四角）」と名づけられた市立情報図書館として若者たちをひきつけていた。ここは新旧の対比が美しい、みごとな空間となっている（→p.150）。

3
ゲルマン諸族の侵入からフランス王国へ
中世の南北問題

　ローマ帝国も3世紀になると危機の時代を迎える。権力闘争や内紛もあるが、ひとつの大きな要因は、ガリアのさらに北や東にいたゲルマン系勢力が強くなったことである。4世紀からすでにゲルマン諸族は帝国内に断続的に侵入を繰り返していたが、5世紀には、その動きはいよいよ活発化し、もはやガロ・ローマ側では押しとどめようもなかった。これが、いわゆる「ゲルマン民族大移動」といわれる動きである。ゲルマン諸族にたいして、帝国内への定住をローマは認めざるをえなくなる。あるいは同盟軍として、ゲルマン人を利用しようとした。

　西ゴート人は、現在の東欧から進出してガリア南西部からイベリア半島にまで進出した。5世紀初めには、ローマ属州の主要都市であったトゥールーズを首都として西ゴート王国を建国し、独自の政治勢力となる。西ゴートは475年には、中央山地一帯をも支配下に置くことをローマ帝国に認めさせた。東西分立後の西のローマ皇帝は、すでにその権勢はイタリア半島内に限定されていたが、おりしも476年には、ゲルマン人でローマ帝国傭兵隊長であったオドアケルによって廃位された。コンスタンチノープル（現イスタンブル）を首都とする東のローマ帝国は存続していたが、西のローマ帝国はここに終焉した。ガリアの民にとってみれば、異民族ゲルマン支配下に置かれたことになった。

　古代や中世の人びとには聖俗分離の発想はなかったので、宗教はとても大きな位置を占めていた。キリスト教は4世紀末にはローマ帝国の国教とされたが、ガリアの地でもロワール中流の都市トゥールに修道院が建立され、修道僧マルチヌス（マルタン）が農村部へも布教を開始していた。トゥールーズでも、すでに3世紀なかばには司教セルナンが殉教している。ケルト系の民俗信仰はすたれ、あるいは形をかえて民衆のキリスト教信心のなかにとりこまれていく。ガリア人の本来の言葉であったケルト語も後退し、卑俗ラテン語が主流と

トゥールーズ、サン・セルナン聖堂。ロマネスク建築の逸品。

なった。そこから、北部のオイル語と南部のオック語が分岐することになる。ガロ・ローマ社会も終わりを迎えた。

西ゴートとフランクの対決

　西ゴートがガリア南西部に勢力範囲を広げている頃、ガリア北部では4世紀後半にフランク人が力をつけ、ローマ帝国の軍や政界において活躍するようになっていた。フランク人は、5世紀にはローマ帝国の同盟勢力としてガリア各地に勢力を広げた。5世紀半ば、東からフンの軍勢が攻め込んできたさいには、ローマ、フランク、西ゴートは力をあわせて対抗し、これを押し戻した。しかしいったんフンが去れば、相互の対立はきびしい。

　西ゴートとフランクとの衝突は4世紀末にすでに起こっており、このときには西ゴートが勝利した。その後、力を蓄えたフランク人は、メロヴィング朝という王朝を帝国内で形成することに成功した。481年頃に、そのメロヴィングの王位を若くして継承したクロヴィス（在位481〜511）のもとで、フランク王国はカトリック・キリスト教に帰依して宗教的正統性を確保し、ガリアの大部分を勢力下に置くことに成功する。

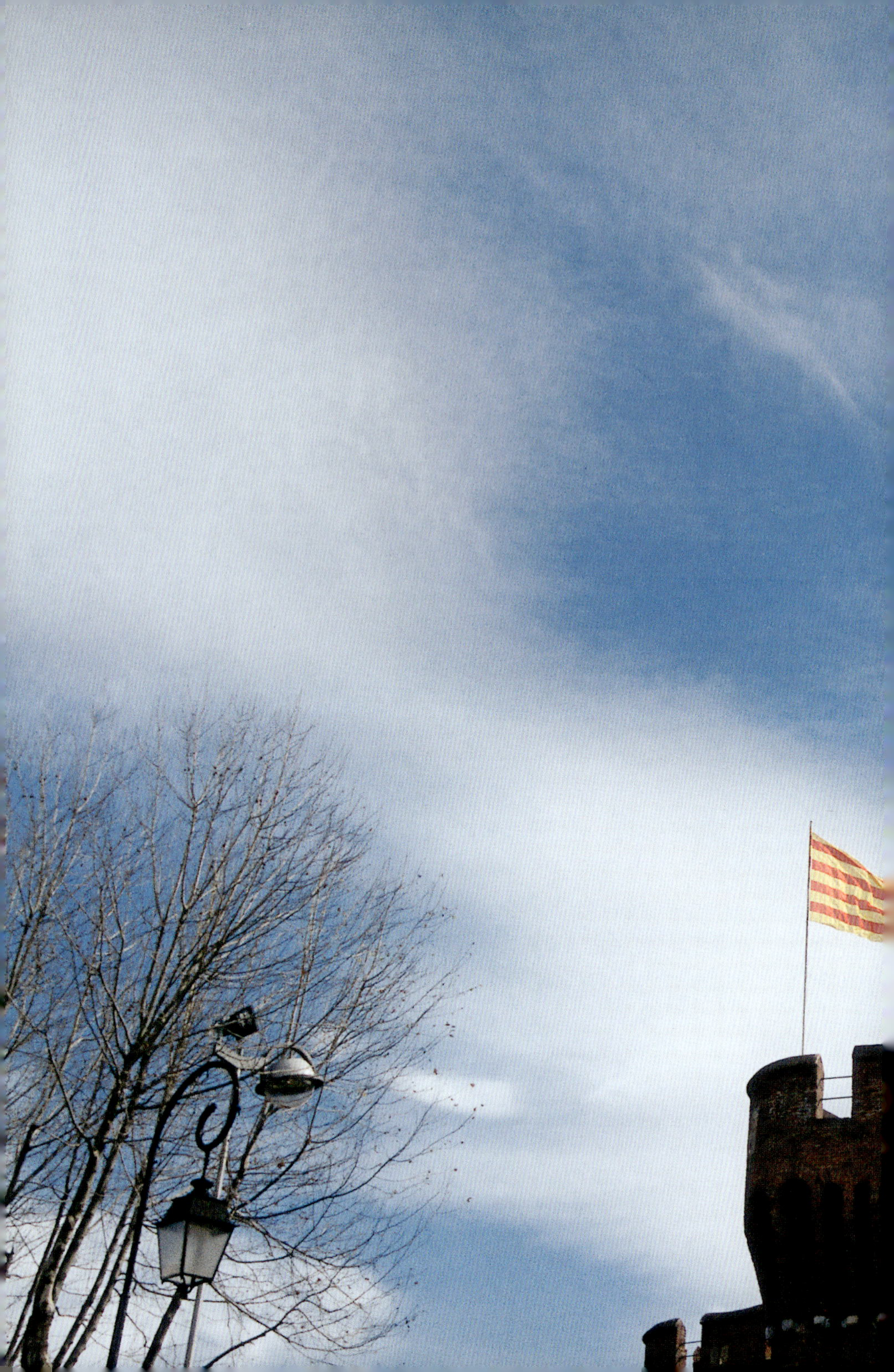

ペルピニャン（カタロニアの旗）

コルビエール地方、キュキュニャンの村遠望

6世紀初め、クロヴィスひきいるフランクの軍勢に敗れた西ゴートは、ほぼガリアから撤退してイベリア半島に拠点を移した。

シャルルマーニュの帝国とその解体

　メロヴィング朝といい、8世紀にその後継となったカロリング朝といい、拠点はフランスのボース平野以北であった。南フランスは北からしばしば遠征してくるフランク人の軍事的支配下に置かれた形となる。とくにカロリング朝成立直前のカール・マルテルによる軍事遠征は、南フランスにとって決定的ともいえる鉄槌(マルテル)となった。カールは、イベリア半島から北上してきたイスラーム勢力をロワール流域で迎え撃ったのであるが、彼が南に向けておこなった反撃は、イスラーム勢力による破壊をはるかに上回ったという。

　カロリング朝を代表する君主は、シャルルマーニュ(カール大帝)である。彼は800年にローマで皇帝として戴冠し、ここに一時的ではあれ西方における皇帝権を復活させることになった。その軍勢はピレネ山脈の南にまで遠征してイスラーム勢力と対抗していたが、しかし南フランスは、その支配に

とっては周辺部にすぎなかった。

　シャルルマーニュの死後しばらくして、帝国は分割相続されることになる。それによって生まれた西フランク王国こそが、のちのフランス王国の直接的淵源になる。王国の本拠としてパリを中心に、ボース平野から中央山地を越えてピレネにいたる広域がその領土とされたが、はじめのうち有効支配のおよぶ範囲は限定されていた。リヨンから南、プロヴァンスにかけての一帯はロタール王国のものとなった。西フランク王国の存亡をかけた政治史的な展開については、ここではふれない。ヴァイキングの侵攻にたいする混乱を経てカペ朝が成立したことは『フランス1』でふれている。

キュキュニャンの路地

オック語の世界

　20世紀以降のフランスを考えると、領域内のどこでもフランス語が通じるのは当たり前となる。地域による訛りは相当にあるが、標準のフランス語が話せれば不自由はない。しかし19世紀においてなお、フランス語が全領域で共通だったわけではない。シャルルマーニュ死後の分割で政治的な境域はほぼつけられたものの、言語文化的な地域区分は微妙である。現在でも、たとえばスペイン国境に近いルシヨンの中心都市ペルピニャンに行ってみると、スペイン領のカタロニア(カタルーニャ)と共通の旗が掲げられ、ロゴマークなども共通なのが目をとらえる。これは、EUの時代になって改めて自己認識としてのカタロニア帰属感が強く浮上してきた事例である。地元が意識している言語は、フランス語とはまったく異言語のカタロニア語である。

　そのペルピニャンから少し北、地中海域の光を受けて美味で安価なワインで有名なコルビエール地域、その一角にキュキュニャンという村がある。よほど細かな地図でないと出てこないような小村である。ここは、オック語の民話ともいうべき村の司祭の説話で知られている。これには、やはり南フランスの言語であるプロヴァンス語訳と、自身もニーム出身の小説家アルフォンス・ドーデによるフランス語訳とがあって、有名になった。

　西フランク王国の流れをくんで成立するフランス王権は、

地中海都市ベジエのサン・ナゼール大聖堂

その本拠を中央よりも北部に置き続けた。その王権の言語となるオイル語にたいして、フランス南部の広域がかつてオック語圏であった。ローヌ川から西寄りの南フランスの広域を指すラングドックという地域名は、まさにこのオック語圏であったことに由来する。また、ローヌ河口域から東にイタリアに向かう地域は、プロヴァンス語圏であった。これらの言語はフランス語とはまったく異なるので、特別に学ばない限り現在では理解不能である。現在のフランス語は、北のオイル語にその由来をもっている。

　南フランスは古くはローマとの結びつきも強く、文化的にも先端にあった。しかし地政学的な中核地域の転換は、南フランスを、文化的には依然として先進的要素を維持しつつ、政治や軍事からするときわめて厳しい状況下に置くことになる。ローマ以来の地中海都市ナルボンヌにしてもベジエにしても、ゲルマン勢力の猛威のまえに屈せざるをえなかった。南からのイスラーム勢力の圧迫にも耐えなければならなかった。やがて十字軍の名において南フランスを制圧しようとする北からの軍勢は、文化的にも南フランスを窮地に陥れる。

歴史の厚み ③

トルバドゥールと宮廷文化

　10世紀末に成立したカペ朝が、まだきわめて狭い範囲にしかその支配を及ぼせなかった頃、南のアキテーヌの司教たちを中心にして「神の平和」運動が起こされた。これは、自力決済の名において領主たちが暴力沙汰を繰り返したことにたいして、教会の名において弱者保護を求め、暴力行使の停止を求める運動であった。この運動はリムーザン、オーヴェルニュなどに広まり、やがて南から北へと拡大していく。ある意味で、この運動はカトリック教会とカペ朝の支配確立の動きに連動する。

　他方、南のオック語文化圏では、ある程度安定した支配圏をもつようになった領主たちの城館で、独特な宮廷文化が形成されるようになった。そのような地域的な宮廷を舞台にさかんになったのが、オック語の歌曲を歌い歩いたトルバドゥールたちの活動であった。彼らはその多くが支配層の家系に属し、みずから騎士身分であったが、愛の詩を書きメロディーをつけて歌を捧げた。捧げた相手は、宮廷世界の貴婦人であった。いまでいえば、シンガーソングライターである。残されている絵などからすると、ヴィエールという「馬頭琴」のようなスタイルの弦楽器や、リュートの原型のような楽器がみえる。

　これらのトルバドゥールとかトルヴェールと呼ばれた詩人、歌人たちの詩はなかなか微妙で、そのフランス語訳をみると、貴婦人への愛はその肉体の素晴らしさを称えるストレートなものもあるが、他面では最後の一線は越えないというある種のプラトニックな、「騎士道物語」における愛情表現にも通じる要素をもっている。なにゆえ

ボルドーのカテドラル、サン・タンドレ大聖堂

12世紀頃に南フランスで、このような愛の歓びや苦しみ、愛する女性への想いの深さや忠誠を、はっきりした文言に込めた詩が歌われるようになったのか。イベリア半島のイスラーム圏におけるアラビア詩からの影響をいう専門家もいて、いくつもの解釈があるようである。

　13世紀に南フランスを舞台に展開したアルビジョワ十字軍と、北からの政治支配の強化によって、異端カタリ派とともにこれらのオック語文化は制圧されてしまった。トルバドゥールの世界はジョングルールと呼ばれる吟遊詩人による芸能へと一般化して北へも広がると同時に、オック語やプロヴァンス語による文芸は南の民間伝承の世界で細々と生きていくことになる。

4
王国に組み込まれるフランス南部
11世紀から15世紀へ

　ヨーロッパ中世の出来事のうちでも、大きなトピックのひとつが十字軍である。イスラーム化したトルコ系王朝のセルジューク朝が、聖地エルサレムを支配下に置くとともにアナトリアにまで勢力を伸ばした。危機に直面したビザンツ皇帝は、ローマ教皇に援軍を求めた。ビザンツというのは、コンスタンチノープル(現イスタンブル)を中心に存続していたローマ帝国の末裔で、ローマ・カトリックとは宗派が異なるが、ギリシャ正教にたつキリスト教王権である。エルサレムは、キリスト教とイスラームの双方にとって聖地である。

　援軍の要請を受けた教皇ウルバヌス2世は、すでにイベリア半島のイスラーム勢力と対抗するための戦いを呼びかけ、のちに「スペイン十字軍」といわれる動きを組織していた。彼が、援軍要請を東方への勢力拡大の好機ととらえたとしても、不思議はない。教皇は、遠征軍への参加を求めて諸侯・騎士たちを説得しようと、1095年に中央山地のクレルモンに宗教会議を開き、聖地奪回の必要を熱く説いた。

　この呼びかけに熱狂的に反応した人びとのなかには、すでにイベリア半島遠征を経験していた南フランスの諸侯もいた。その一人トゥールーズ伯レモン4世は、1096年に出発した第1回十字軍の軍事指揮を教皇から一任されている。第1回遠征はエルサレム奪回を果たして王国を建設したが、しかし勢力の維持は困難を極めた。ヨーロッパの荒々しい騎士たちからなる混成部隊であった遠征軍は、結局、その後もこの地を制圧し続けることはできなかった。一連の十字軍遠征は、13世紀後半、フランス国王ルイ9世(在位1226～70)が企てた第7回遠征の挫折によって永続的成果のないまま頓挫する。のちに列聖されるルイ9世は、遠征途上、異郷の地チュニスに死んだ。エルサレム王国も13世紀末には滅亡した。

アルビジョワ十字軍

　十字軍遠征を駆り立てた動機は、何であったのか、議論は尽きない。たしかに武勲や欲得といった世俗的関心もあった

アルビ、タルン川とポン・ヴュー（古橋）　異端カタリ派の拠点のひとつとなった。アルビジョワ十字軍の名称は、この都市に由来する。

　であろう。しかしまた、イスラームにも聖戦意識があるように、かつて聖俗が非分離であった時代のヨーロッパにも、聖戦意識は存在した。この意識は、遠い聖地に向かうだけでなく、足もとのヨーロッパ内部にも向けられた。南フランスを舞台としたアルビジョワ十字軍は、その激烈な事例である。

　11、12世紀の南フランスは、北部に拠点のあるフランス王権から強い干渉を受けることはなかった。カペ朝の王権自体、まず足元を固めるのに精一杯であった。それでも、12世紀には王領地の拡大、直轄都市を足場とした王権強化がはじまった。パリの整備と王権確立を進めたフィリップ2世オーギュスト(在位1180～1223)の時代から、聖王ルイ9世などを経て、フィリップ4世(在位1285～1314)に至るまで、つまり12世紀末から14世紀初めにかけてが、王国統治システムの整備が進んだ時代である。この過程で、南フランスを軍事的に制圧し、統治内部に組み込むうえで重大な位置を占めたのが、13世紀前半に展開されたアルビジョワ十字軍である。十字軍と呼ばれるのは、南フランスにおけるキリスト教異端派の存在ゆえであった。

王国に組み込まれるフランス南部　41

アルビジョワの遺構、ペールペルチューズ城址

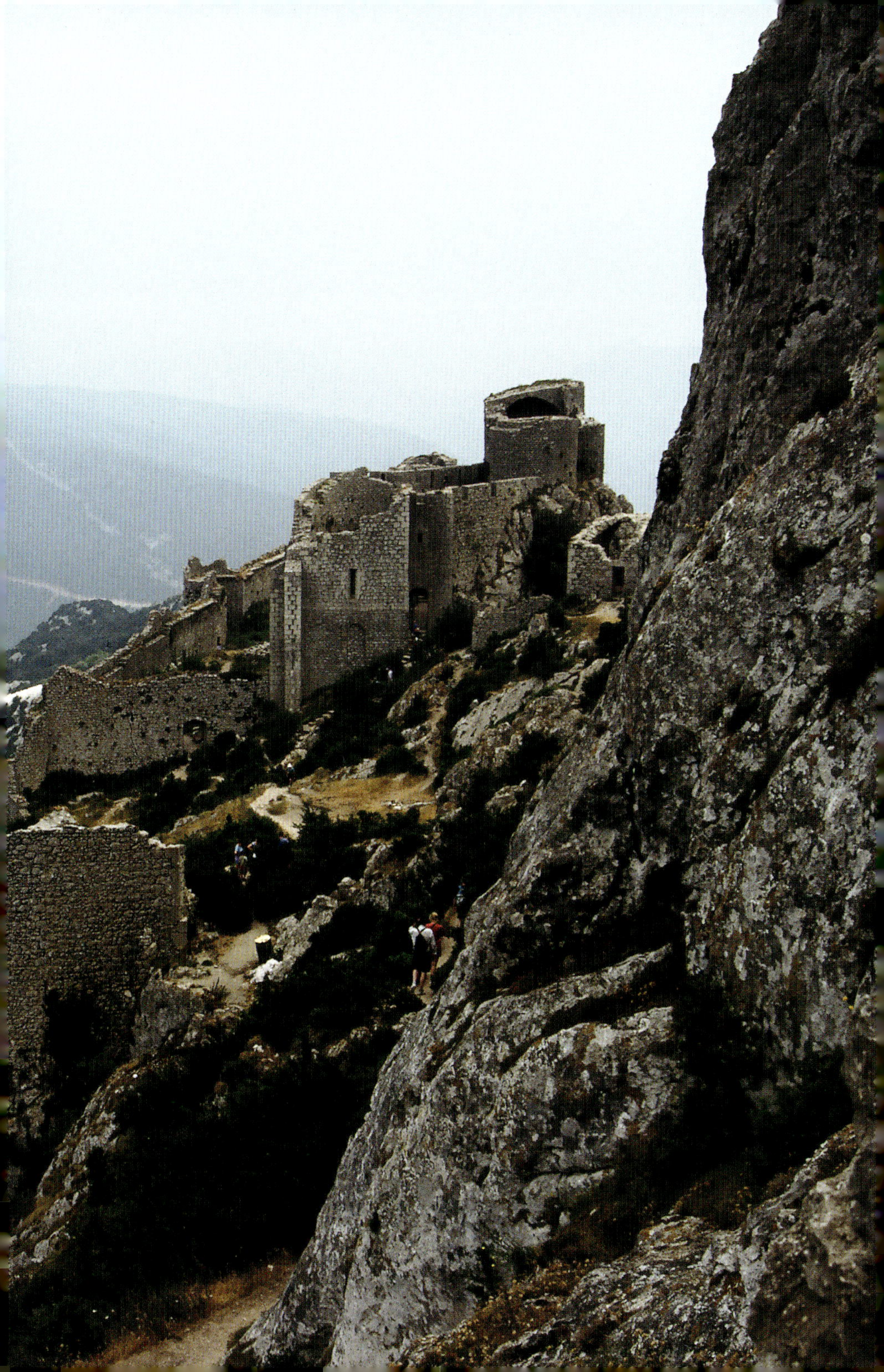

アルビジョワの遺構、キュキュニャン村近くのケリビュス城址

　12世紀にトゥールーズ伯領はラングドックとプロヴァンスの一部まで内包していて、きわめて広大であった。ただしその内部では、多くが在地の封建諸侯や自由地所有者の支配下にあり、都市も独自の自治制度をもつものが少なくなかった。したがって周囲の有力者からは、虎視眈々とねらわれた。たとえば西隣、広大なアキテーヌ地方を手中に収めているのは、イギリス国王ヘンリ2世である。伯のレモン5世は対抗上、主君であるフランス国王に助力を求める。しかし複雑な君臣関係のなかで、事態は一筋縄ではいかない。

　ラングドック各地には12世紀後半から、カタリ派というキリスト教の異端が広まっていた。善悪二元論の考え方に立つ厳格な宗派であったが、なぜかトゥールーズ伯領を中心に南の各地で信徒を増やしていた。はじめ説得を試みたローマ教皇は、結局弾圧へと方向転換する。しかしフランス国王はイギリス王権との直接対峙に主力を注ぎ、対応しなかった。かわってカタリ派弾圧の軍勢を率いたのが、北フランスの小領主シモン・ド・モンフォールである。1209年夏に開始された軍事行動で、拠点のひとつベジエは完膚なきまでに破壊

ナルボンヌ、未完のサン・ジャン大聖堂

された。フランス国王ルイ8世(在位1223〜26)が大軍を率いて南下、ラングドック一帯を軍事制圧したのは、20年続いたこの十字軍の最終局面においてである。続くルイ9世の時代には、この一帯はフランス王権のもとに統合される。

フランス王権が南フランスを把握するうえで、アルビジョワ十字軍から利を引き出したことは間違いない。しかし最近の研究によれば、この十字軍は単純に北と南の対決ではない。教皇が宗教会議を開いた古くからの町ナルボンヌのように、南の諸侯や都市の少なからぬ部分は、むしろ十字軍に加勢した。カタリ派は南の住民の1割にも満たなかったというが、彼らはその後も厳しい異端審問の対象にされた。

アヴィニョン教皇庁とフランス王権

教皇庁といえばヴァチカン、ローマ、と連想される。しかし教皇庁が南フランスのアヴィニョンに位置した時代があった。1309年から69年間、さらにローマにも教皇庁が再設置され2教皇が並立する「大分裂」の時代を加えると、1417年までである。この年のコンスタンツ宗教会議で、ローマへの復帰が最終決定される。

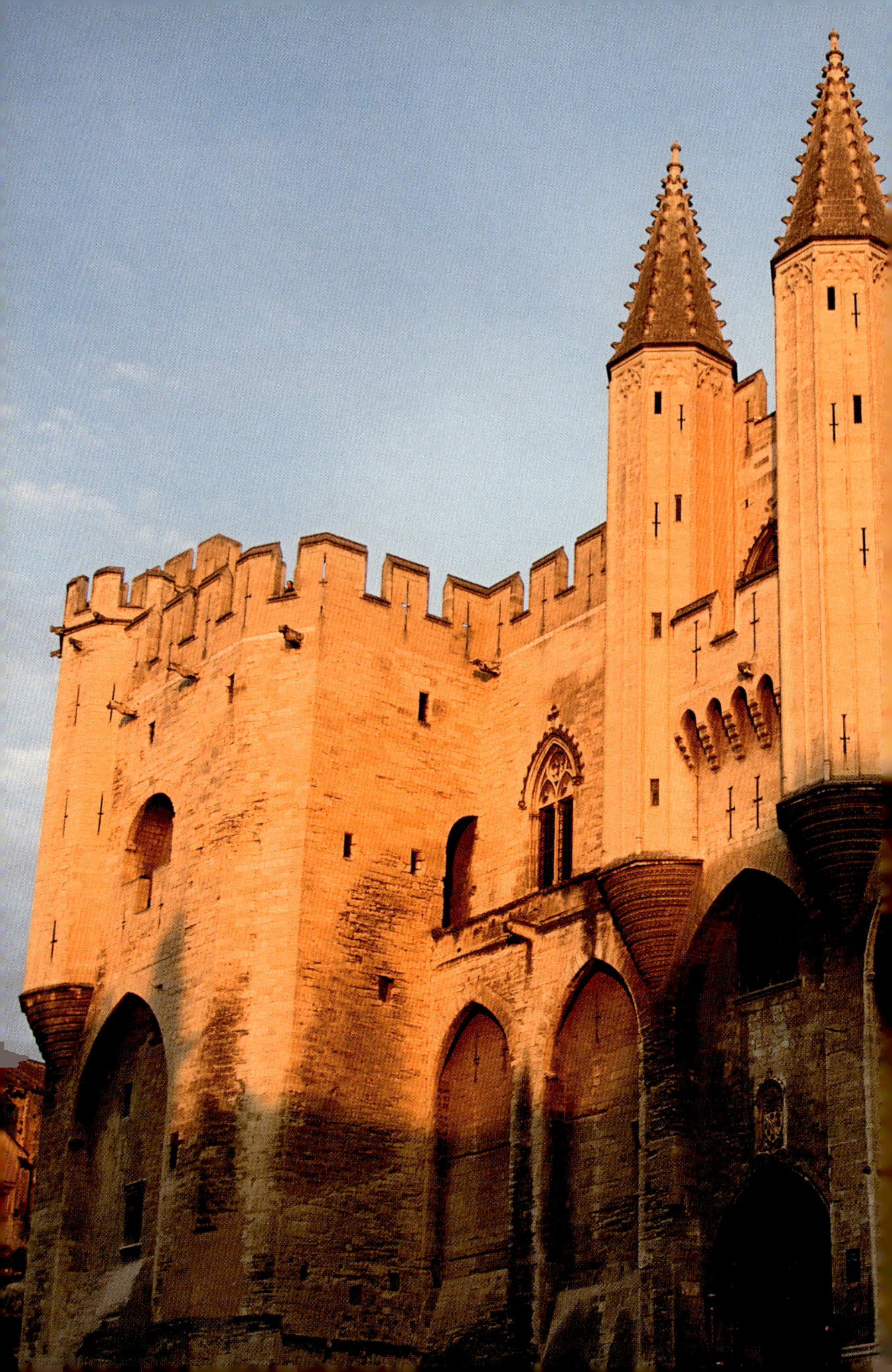

アヴィニョン教皇庁

アヴィニョン移転を決めたクレメンス5世はもともとボルドー大司教で、教皇選出にあたって後ろ盾となったのはフランス国王フィリップ4世であった。しかもフィリップ4世は1303年、フランス国内における聖職者への課税強化をめぐって対立した教皇ボニファチウス8世を一時捕縛させる、という事件を起こしていた。いわば「強面」の国王である。たしかにフィリップ4世は、至上権を振りかざす教皇と敵対して、王国内のことがらに関しては教会もふくめて国王のもとに一致して政策を決めるのだ、という姿勢を明確にした国王で、テンプル騎士団を解散させ、その資産を没収したのも彼であった。この点で、のちにガリカニスムといわれるような、カトリックでありながらフランス王国独自の教会を主張する動きに、先鞭をつけたといってよい。

このような事情から、教皇庁のアヴィニョン移転については、フランス国王による強制であるかの説がまかり通っているが、現実にはどうか。おりしもローマでは教皇派と皇帝派に分裂した紛争が激化しており、フランス出身の教皇は、近くに教皇領地もあるアヴィニョンをむしろ避難の地として選んだ趣がある。移転後の歴代の枢機卿も教皇も南フランス出身者が多数を占め、一種の身びいき人事が展開された。教皇庁が設置されたことでアヴィニョンの町も経済的に繁栄し、市域も拡張するなど、おおいに栄えたのである。教皇と国王の力関係に変化が生じてきていたことは確かだが、しかし教皇の政治力はしたたかであった、というべきであろう。

英仏百年戦争と南フランス

フランス王権とイギリス王権(正確にはイングランド王権)の対立関係は、すでに12世紀にはじまる。所領をアキテーヌ公領に大きく広げたアンリ・プランタジュネが、じきにイギリス国王ヘンリ2世に即位し、国王としてはフランス国王と並び立つ、しかし大陸側領土についてはフランス国王の臣下にあたる、ややこしい封建制の君臣関係が生じた。

歴代のイギリス国王は、南西フランスの領地について、フランス国王への臣従の儀礼を求められた。イギリス国王にしてみれば、面白くない。フランス国王側からみれば、身分的

サントのサント・マリ女子修道院

アングレーム、サン・ピエール大聖堂

にいかに臣下とはいえフランス内部にイギリス国王が領地を持っていることは、危険でもあり面白くない。イギリス国王の大陸所領は、最大時にはサントからアングレームを経て中央山地の半分まで、南はバイヨンヌにまで達していた。

両王家は、イギリス国王エドワード2世がフィリップ4世の娘イザベルと結婚したように、姻戚関係を形成したが、かえってそれが王位継承をめぐる対立につながる。フィリップ4世没後しばらくして、カペ朝の直系男子が途絶えたからである。フランス側は、男子継承を主張する法曹集団の意見にもとづいて、フィリップ4世の弟の息子を国王フィリップ6世(在位1328〜50)とし、ここにヴァロワ朝が開始された。しかしイギリス国王エドワード2世の息子3世もフィリップ4世の孫であるから、フランス王位継承権を主張した。

こうして所領の問題と王位継承問題とが重なり、フランドルをめぐる抗争もあり、英仏百年戦争といわれる長期戦がはじまる。当初の戦況は、1360年のブレティニーの和約が示したように、イギリス側が圧倒的に勝利した。戦争がはじまる直前、南西フランスにあるイギリス国王領は、ボルドーを中心としたギュイエンヌのごく限定的な地域に過ぎなかった。しかしこの勝利でイギリスは、アキテーヌ公領の広大な土地を再獲得した。しかもフランス国王ジャン2世は、虜囚の身でロンドンに客死した。

百年戦争開始まもなくの1347年秋、別の恐ろしい事態がフランスを襲った。黒死病(ペスト)の大流行である。交易船団についてきたペスト菌はマルセイユから入ると交通の要路にそって瞬く間に広がり、エクス、アルル、アヴィニョンなどが同年中に、翌年にはラングドックを通ってトゥールーズからボルドーへ、ローヌ川沿いにはリヨンから北上してパリへ、各地に広まった。住民のほぼ3分の1が死の淵に追いやられた。不幸は戦争とペストだけではなかった。戦争にそなえて租税が重みを増すなかで、農民一揆や暴力行為も頻発する。パリの商人頭の反乱まで生じた。フランス内部は、王権の拠点である北部でとくに混乱状態に陥っていた。

この混乱を収拾したのはシャルル5世であった。軍事指導

ロート県庁所在地カオールのサン・テチエンヌ大聖堂。中世には豊かな国際商業都市であった。

者デュ・ゲクランは巧みにフランス国王軍を立て直し、イギリス国王に譲った領土の大半を奪還した。しかし、ことはそのまま順調には進まなかった。シャルル6世の時代になると、ブルゴーニュ大公が北部・東部の貴族を束ねてみずからフランス王位をねらい、イギリス寄りの動きを示した。このブルゴーニュ派に対抗して、南フランスの貴族たちがアルマニャック派を形成した。フランスは二分され、内戦の様相を呈する。イギリス国王軍とあわせ、三つ巴であった。

　1422年、イギリス王ヘンリ6世がフランス王を名乗ったとき、王太子シャルルを支えてシャルル7世(在位1422〜61)として即位させ、例のジャンヌ・ダルクの逸話を伴うランスでの戴冠を実現させたのは、主に南フランスの貴族たち、アルマニャック派である。一時王太子シャルルが身を寄せたブールジュはもとより、イタリアとの関係を保持していたカオール、港町マルセイユなど、ロワール川以南の都市は、国際交易で経済的に繁栄していた。勢いに乗ったシャルル7世の軍勢は、結局イギリス軍を破り、1453年、北部の港町カレを除く全フランス領土を確保して、百年戦争が結着した。

王国に組み込まれるフランス南部

サンチャゴ・デ・コンポステラへの道

　フランスはユーラシア大陸の西の端に位置しているが、その南西でさらに西に出っ張っているのがイベリア半島である。そのイベリア半島でも、またさらに西の地の果てに、サンチャゴ・デ・コンポステラが位置している。ここは、中世から現代に至るまで、ローマやエルサレムとならんで、カトリック・キリスト教の最大の巡礼地であり続けてきた。地の果てのイメージは、非日常を想起させて巡礼の地としては真にふさわしい。

　巡礼の目的地となったのは、ここが聖地だからである。サンチャゴとは、12使徒の一人で最初に殉教した聖ヤコブのこと、コンポステラは、墓廟を意味するラテン語に由来するというのが定説だそうである。地中海の東で殉教した聖ヤコブの遺骸は、その弟子たちによって生前の伝道の地まで運ばれ、埋葬された。それが、カール大帝の時代に発見された。こうして民衆のあいだでは、聖ヤコブによる奇蹟が言い伝えられた。はじめ地域的な巡礼であったが、10世紀なかばからはピレネ以北に広がり

アルル、サン・トロフィームの回廊

はじめ、じきにカトリック・ヨーロッパの全域をとらえるようになる。

　日本でいえば四国のお遍路さんが想い浮かぶが、ヨーロッパはもっと広い。この地へ向かう巡礼たちは遠路はるばるヨーロッパ各地から、中世ならばもちろん陸路をひ

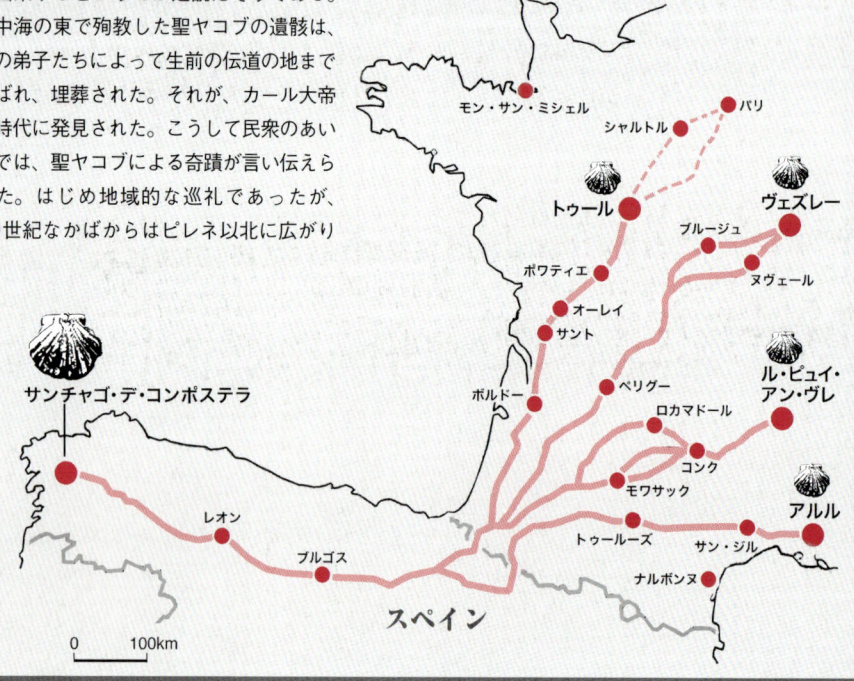

歴史の厚み ④

たすら歩きつづけていたわけだが、鉄道や自動車がある現代でも、この徒歩での巡礼は廃れていない。ピレネの山越えをはさんで、反対側はフランスであるから、巡礼路はフランスのなかをいくつかのコースとして、定着していった。

巡礼路沿いには各所に教会や聖堂が配されており、修道院などでは夜露をしのぐ巡礼たちに一宿を提供した。帆立貝がサンチャゴ巡礼のしるしで、いまでも巡礼路にあたる施設などについているのに気づく。帆立貝は、フランス語でコキーユ・サンジャック、つまり「聖ヤコブの貝」という。

巡礼たちは、罪を雪ぐために向かうもの、病の快癒を願うもの、来世の幸せを祈るもの、それぞれの想いをもってひたすら歩を進めた。疲労や危険を冒してでも連日ひたすら歩くことを通して、人びとは自分に試練を課し、自分と向きあうことを通して神と向きあっていたのかもしれない。新約聖書の「ヤコブの手紙」にはこうある。「試練を耐え忍ぶ人は幸いです。その人は適格者と認められ、神を愛する人びとに約束された命の冠をいただくからです」と。

ル・ピュイ、ノートルダム大聖堂

コンク、サント・フォワ修道院

王国に組み込まれるフランス南部

5
近世絶対王政と南の世界
15世紀末から18世紀末へ

　15世紀半ばに終結した百年戦争の結果、イギリスは南西フランスから手を引いた。晴れてボルドーは、イギリスではなしにフランス・ワインの代表となるだろう。しかし、南フランスの全域がすぐに現在のようなフランス国土となったわけではなかった。

　ローヌ川の右岸では、ボージョレ、リヨネ、フォレ、ヴィヴァレなどの地方が、すでに14世紀までにはフランス王国に統合されていたが、左岸、アルプスまでのドーフィネ地方は、買収などを経て王国に組み込まれるのは15世紀から16世紀にかけてである。地中海沿岸のプロヴァンス地方が統合されたのも、15世紀末である。ピレネの山麓では、ベアルンとバス・ナヴァール、そしてルシヨンがフランス王国に組み込まれるのは17世紀、地中海のコルシカ島は18世紀である。これで、19世紀になって併合されるサヴォワとニースを除いて、現在の南フランスの圏域が確定する。

イタリアへの実力介入

　百年戦争という試練の結果、王権は強化された。その勢いをかってというべきなのか、15世紀末から16世紀半ばにかけて、ほぼ60年間、フランスはイタリアを舞台にした戦争にかかわることになる。今度は、ちょっかいを出したのはフランス王権であった。

　その先陣を切ったのはシャルル8世(在位1483〜98)である。13歳で即位した王は、成人するとブルターニュ女公アンヌと結婚し、ブルターニュを王国に統合することに成功する。しかしシャルルマーニュを範と仰ぐ若い王の野心は、イタリアにこそあった。ナポリ王国の王位継承を主張して1494年7月、軍勢をリヨンに集結させた。その数およそ3万といわれる大軍が、9月にはモンジュネーヴルの峠を越えて北イタリアへと進軍する。政治的に四分五裂であったイタリア半島内では、当初ミラノ公国がフランスの介入に支持をあたえ、さしたる抵抗もなく翌年2月にはナポリ入城を果たす。

リヨン、ローヌ川

ニース、城跡の丘からの俯瞰

　複雑な戦争の展開についてはここではふれない。シャルル８世からルイ12世、フランソワ１世（在位1515〜47）、アンリ２世（在位1547〜59）と、４代の王がかかわり続けた。ナポリ王国だけでなくミラノ公国、あるいは神聖ローマ皇帝権、それに、教皇領を基盤にもち権謀術数を操る教皇権力、巧みな外交術を発揮しだしていたヴェネツィア共和国など、イタリア半島をめぐるじつに多様な諸力が関与した。フランソワ１世とカール５世の対決は、つまるところヴァロワ家とハプスブルク家とのヨーロッパ主導権争いという、中世的な性格をもつものでもあった。

　最終的に、フランス王権がイタリア半島で得た政治的成果はほとんどなかった。それどころか、カール５世側の軍勢は、ニース一帯の海岸線からエクスを中心とするフランス領プロヴァンスの内部に、何回か攻め込んだ。

　ただし60年間の戦争といっても、戦闘期間は限られていたし、現代の戦争のような破壊的なものではなかった。総力戦でもない。直接の戦闘地域でないかぎり、経済的な関係が絶えることもなかった。経済先進地域であるイタリアの商人

近世絶対王政と南の世界

ラ・ロシェル旧港の要塞、鎖の塔とサン・ニコラ塔　新教派の拠点のひとつとなった。

との関係は、南フランスの諸都市にとって重要であった。

　この時期のイタリアは、たしかに政治的には内部分裂と連衡合従が繰り返される、複雑で安定しない政情であった。しかしフィレンツェで花開いたルネサンスは、ローマをはじめ半島内の諸都市に展開し、文化的にフランスを圧倒した。攻め込んだフランスの兵にとって、それは驚きだったようである。フランソワ１世が晩年のレオナルド・ダヴィンチを招聘（しょうへい）したように、ルネサンス文化は、無骨なフランスの支配層だけでなく、フランス人の衣食住のあらゆる面で大きな影響をあたえるようになる。

宗教対立と内戦の嵐

　ドイツの神学者ルターがローマ教皇庁を批判して宗教改革を開始したのは、イタリア戦争の最中であった。それに対抗して教皇の側にも、対抗宗教改革（ないしカトリック宗教改革）といわれる一種の綱紀粛正の展開が生じた。フランスも、それらの影響を受けないわけにはいかなかった。

　宗教改革の新教派は、フランスにはおもにカルヴァン派として伝わってきた。フランスで特徴的であったのは、大貴族

「小ジュネーヴ」といわれたオーヴェルニュの町イソワール。サン・オストルモワーヌ修道院教会。

たちが新教派と旧教(カトリック)派とに分かれて武力抗争を引き起こした、という点である。宗教対立に権力闘争が重なり、宗教戦争といわれる事態となった。最終的にこれを収めたのが、アンリ4世(在位1589～1610)による1598年のナントの王令である。もともとは新教徒であったアンリ4世は、国王としてカトリックに改宗して多数派の不満を抑え、王令によって新教にも信仰の自由を承認したのである。

　国内多数派は依然としてカトリックで、おもにパリを中心として北部、東部が牙城であった。カルヴァン派は南に多く、その拠点であったスイスのジュネーヴに近いドーフィネから、ラングドック、ガスコーニュ、ギュイエンヌ、サントンジュ、オニス、そしてポワトゥといった地域に根を張った。アンリ4世の息子ルイ13世(在位1610～43)の時代に、リシュリュによって徹底的に弾圧された港町ラ・ロシェル(→p.98)は、新教派を代表する都市であった。あるいはオーヴェルニュの山間の都市、イソワール(→p.124)。ここは、フランスでももっとも早くから新教派が根づいて「小ジュネーヴ」とも俗称された。

近世絶対王政と南の世界 | 57

ユゼス、フネストレル塔。ライトアップされた12世紀の大聖堂鐘楼の遺構。

アンリ4世の先代3世は宗教戦争の最中に暗殺され、ここでヴァロワ家の男子直系が途絶えた。4世からはブルボン家となる。4世もまた暗殺され、その後継ルイ13世以降、もはや相手国が新教であろうと旧教であろうと関係なく、政治力学に応じて同盟を求める対外政策が推進された。しかし国内では、カトリック教会によって権威を正統化してきた王権は、新教にたいする抑圧姿勢を再度明確にした。ラ・ロシェル弾圧はそのごく一部にすぎない。ルイ14世（在位1643～1715）は竜騎兵を使って新教徒を徹底的に抑圧したのち、1685年にはナントの王令そのものを廃止した。非合法化され、亡命した新教徒は、商工業者を中心に20万人にのぼるといわれている。

抵抗する新教徒もいた。ニームと並んで新教拠点都市であったユゼスから西北に広がるセヴェンヌ山地の農民たちが、そうであった。18世紀冒頭の数年間、「カミザールの反乱」といわれるゲリラ戦を展開した農民たちは、ルイ14世の大軍に対抗した。その後は公然たる反乱は姿を消すが、非合法下にも信仰を維持した新教徒は、南の各地に絶えなかった。

王政下の社会と経済発展

宗教戦争を収拾したアンリ4世は、中央集権的な統治機構の整備を再開させ、重商主義的な政策による産業振興も追求した。暗殺はその矢先であった。王権の強化は、後継のルイ13世の時代に宰相として辣腕を振るったリシュリュによって加速された。ルイ14世の時代にも、即位後幼少の頃にはマザラン、ついで親政期に入るとコルベールという側近が、絶対王政といわれるような強力な王政確立を求めて動いた。

こうした展開は、それが面白くない大貴族による反発や、反税の一揆を招来することもあった。たとえば南西フランスでは1620年代から40年代にかけて、反税民衆蜂起が広範囲に生じ、ときに農民軍の規模は数万におよんだという。王政の300年間、社会や経済の状況は一定だったわけではない。発展期もあれば停滞期もあった。不変なのは経済基盤が農業にあったことで、しかも18世紀前半までは、不作に由来する食糧危機が何回となく襲来した。人口もまた、長期的にみ

香水の町グラース

マルセイユ旧港、丘の上にノートルダム・ド・ラ・ガルド聖堂を遠望

てほぼ2000万人を上限とした均衡状態にあった。間欠的に生じた飢饉と疫病が、人口抑制の主因であった。

　停滞面のみを強調するのは問題であろう。手工業の発展は間違いなく、連動して商業や金融も発展した。南フランスでも、都市は経済力をつけた。たとえばリヨンでは、イタリアからの刺激のもとに16世紀から絹織物工業が急速に発展をはじめ、書物製作でもパリと並ぶ地位を獲得する。やはり織布で有名となるニーム、香水で有名になるグラースのように、特産品の輸出で繁栄する町も登場する。

　古代以来マルセイユが屈指の輸出入港であったことは、一貫して揺るがなかった。17世紀に国策で造営された地中海の港、セトのような事例もあった。動機は、ミディ運河を開削した発想と同様の、流通と交通の改善への関心であった。ボルドーもまた、大西洋交易が重要になるにつれ、港としての地位を高めた。砂糖の輸入をはじめラテンアメリカとの交易は、港湾都市に多くの富をもたらした。スペイン国境に近いバイヨンヌも、18世紀には港が整備された。植民地との関係は、無視しがたい経済要素となっていた。

港町セトはミディ運河の地中海への出口にあたる。

王政と地方統治

　王政期の地方統治では、その責任の担い手が従来の在地の支配層から、国王直轄の官僚へと置き換えられる過程が生じた。各種の監察官であるとか、とくに地方長官（アンタンダン）が国王から権限を委任され、17世紀後半からは任地に常駐して仕事にあたった。その権限は、直接税の課税配分や徴収の監督、担当地方での裁判への監督と介入、治安維持や宗教・習俗の監視、経済・産業の振興や規制といった具合に、広範囲におよんだ。たとえば、ルイ16世（在位1774～92）の時代に財務総監に登用されて合理的改革を推進しようとしたチュルゴ（→p.119）は、啓蒙思想家としてだけでなく、リムーザン地方長官としてその政治力を評価された人であった。優秀な地方長官は、国土開発や都市美化の先頭にも立った。

　しかし王政のもとでは新制度が制定されても、旧来の制度がそのまま存続していることも多く、しかも管轄区分が入り乱れていることが珍しくなかった。たとえば13世紀に王権を支える制度としてパリに設置された高等法院（パルルマン）という制度は、のちに新たな領土が王国に組み込まれる過程で、

近世絶対王政と南の世界

エクサン・プロヴァンス、100を超える噴水の町

地方にも設置されていった。南フランスでは、いちはやく15世紀半ばからトゥールーズやグルノーブル、ボルドーに設置された。『法の精神』で有名なモンテスキューは、18世紀初めにボルドー高等法院の法官だった人である。プロヴァンス地方の首都エクスには1501年、ベアルン地方のポーには1620年に設置されている。

　これらの地方高等法院は、地方三部会の場合と同様で、王国に併合される以前の在地の制度をいきなり廃止するのでなく、それを引き継ぎながら最高裁判所の役割をその地方で担わせることで、王国内に順調に組み込もうという意図から設置されたものであった。しかし現実には、地方高等法院はそれぞれの地域的な権利・自由の主張の場、在地の支配勢力にとっての拠り所となった。国王の意を体現する地方長官も、地方高等法院の管轄にまでは立ち入れなかったが、そもそも両者は設置の趣旨が異なり管区の範囲もずれていた。その権限や考え方は、しばしば衝突しかねなかった。現実にグルノーブル高等法院は、パリで革命が勃発する直前、いちはやく王政との対立を鮮明にしはじめるのである。

周辺の独自世界

二つの言語表記のあるコルシカの道路標識

　フランスでは19世紀から国民教育が推進され、フランス語教育が重視された。じつは国内各地で歴史的に伝承された言語文化は、方言とか「訛り」だけでなく、フランス語からみれば異言語が多くあった。王権のふるさとイル・ド・フランスの言語から形成されたフランス語は、革命期においてなお、かろうじて多数派の言語であったにすぎない。

　私自身、19世紀後半の中部フランスの農民運動の史料を眺めて困惑したことがある。その文章はとてもフランス語とは思えない、まったく了解不能であった。アルザスにはドイツ語に近い言語があり、北部ではフランドル語、ブルターニュにはケルト系といわれるブルトン語、そして南に下れば、オック語は中世以降すたれてきていたが、プロヴァンス語はまだ健在であったし、バスク、ベアルン、カタロニアの言語、さらに細分化される地域言語、さまざまであった。言語の存続には、地域独自の生活文化の維持がともなわれていた。

　19世紀以来の国民教育と全国的な政治経済や文化の連携網の発展は、言語や生活文化の標準化を進めた。しかし中央集権が強かったといわれるフランスでも、地域ごとの独自世界が、とくに首都圏から離れた周辺部で、粘り強く生きつづけていた。それは地域主義的な独自の生き方を主張する運動として、19世紀以来、国民化の波に抗して維持されてきた。それがEUの時代になって、あらためて地域の独自世界の豊かさ、多元的な文化の再評価として、日の目を見るに至っている。

　ながらくイタリアから支配されていたコルシカは、18世紀半ばにフランスに組み込まれた。最近ではフランスからの独立を唱える運動家がいて、ときに暴力事件を起こす。フランスでの運動は多くが独自文化や言語の主張で、政治的独立を志向する地域はあまりない。そのなかでは、コルシカは例外的な存在である。

6
革命とナポレオン帝政
18世紀末から19世紀へ

　近世から近代へと展開するフランスの歴史にとって、なにより特徴的なのは、18世紀末に革命が勃発して従来の王政が倒された、ということである。

　18世紀には、既存の制度や機構について矛盾を指摘し、合理的な改編を求める声があちこちから上がっていた。啓蒙思想といわれる考え方である。王政内部からも改革が追求されており、すでにのべたチュルゴの場合もそうであるし、おなじく財務総監ラヴェルディによる自治体の行政改革などは、従来の地方長官体制に替わって地域の名望家たちに権限を委譲しようとする性格をもっていた。ところがルイ16世自身も国政を担った指導者たちも、保守と改革のあいだで揺れ動き、いまひとつ方向性を定め切れなかった。それが矛盾を激化させ、危機をあおる結果となった。

　しかし革命が起こるまでは、誰も、ヨーロッパの大国で王政が打倒されてしまうことなど想像すらしていなかったといってよい。さまざまな力学が働いた革命の複合的性格については、ロワール流域から北を扱った『フランス1』でも述べているので、ここでは繰り返さない。

革命の理想と現実

　革命は、なんといってもその中心がパリにあったことは間違いないが、全国各地を、その渦に巻き込んだ。ルイ16世によって招集されたヴェルサイユでの全国三部会が暗礁に乗り上げ、第三身分を中心に憲法制定国民議会が発足、そうこうするうちにバスチーユの要塞がパリ市民によって攻略されて革命の展開がはじまる。

　その一年前、1788年6月にグルノーブルでは「瓦の戦い」という出来事が起こっていた。国王による高等法院閉鎖に反対するグルノーブル市民が通りにバリケードを築き、屋根瓦をはがして国王軍に投げつけ対抗しようとしたのである。翌7月には、グルノーブルの南にある小さな町ヴィジルの城館を会場にして、ドーフィネ地方の三部会が自主的に開催され

ボルドー、ブルス広場

グルノーブル高等法院

た。高等法院廃止に反対、全国三部会開催要求、個人的自由の確保、といった決議がなされた。

　この集会で熱弁をふるって注目された若き弁護士バルナーヴは、全国三部会の代表に選出され、パリを舞台にした革命の初期において、三権分立にもとづく立憲王政を主張して、リーダーの一人となる。しかし王政は堅持すべきとしたバルナーヴは、やがて革命が激化するなかで処刑されてしまう。まだ30代に入って間もなかった。おなじく立憲王政派として強力な弁舌で人気のあったミラボーもまた、エクスから全国三部会に選出された革命初期のリーダーであった。

　革命は、国王ではなく国民が政治の主体となる国民主権の原則を確認し、市民の基本的人権を宣言した。さまざまな旧来の仕組を否定し、たとえば旧地方を廃止して県を新設した。ドーフィネの例でいえば、イゼール、ドローム、オート・ザルプの3県に分割された。多くの場合、県名には、古いしがらみを否定するため川や山などから名前が付けられた。

　こうした革命の理想や原則は、その後の長い時間をかけて実体化されていく。革命期には、王政を否定する共和派のな

マルセイユ、ロンシャン宮からの市街

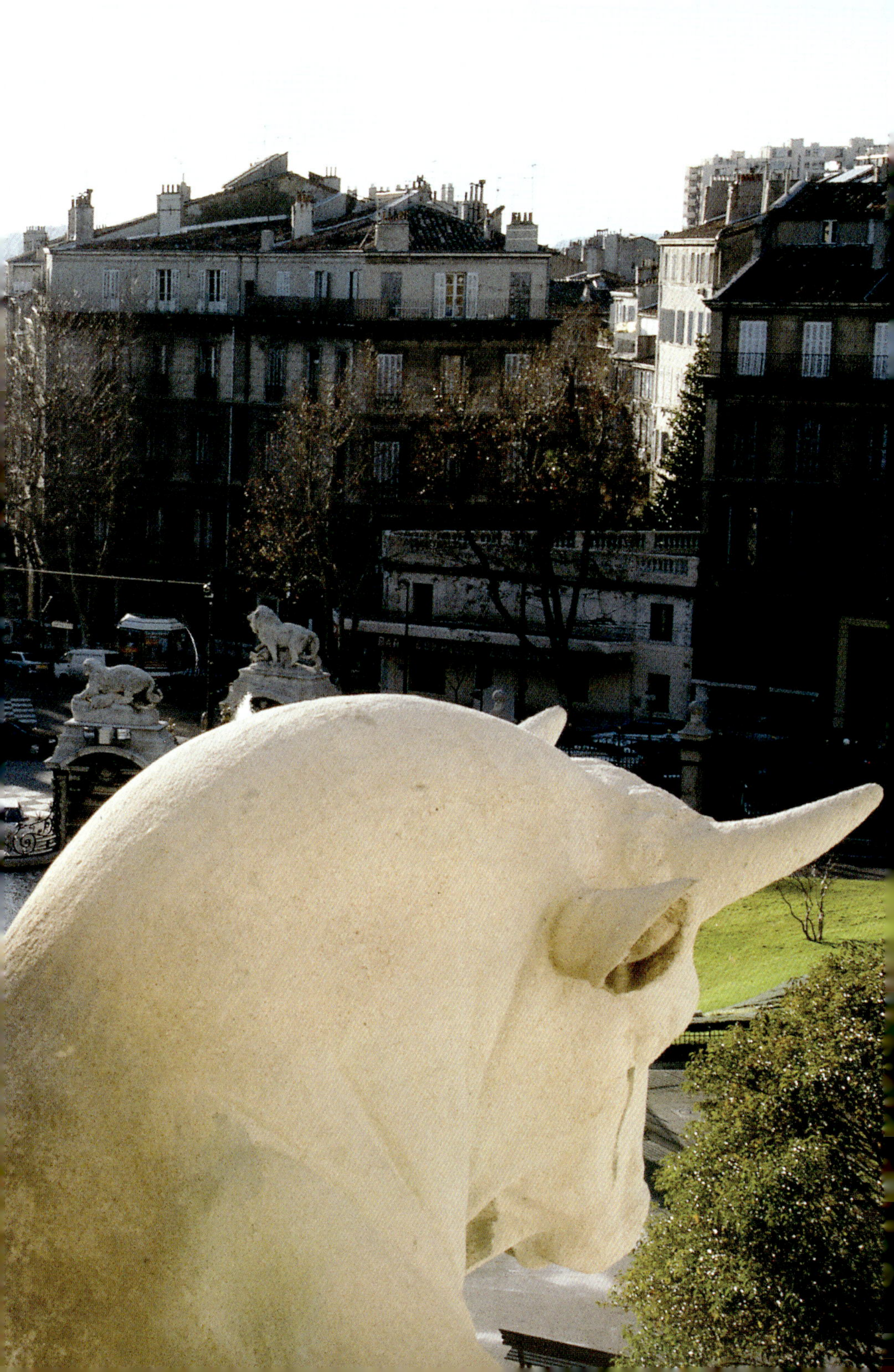

歴史の厚み ⑥

ラ・マルセイエーズ

マルセイユ市庁舎

　フランスの国歌「ラ・マルセイエーズ」は、1879年に国歌として制定されたものだが、題名になっているマルセイユは、作詞作曲にはまったく関係していない。

　その作詞作曲はフランス革命下、1792年4月のことであった。オーストリアとの戦端が開かれてすぐ、革命軍将校であったルージェ・ド・リールによって「ライン軍団の軍歌」として作成され、ストラスブール市長主催の激励宴会で歌われた。その歌詞が血なまぐさいというか、祖国の子らよ時は来た、武器を取って立ち上がれ、というような戦闘的内容であるのは、そこに由来している。革命の支持者にとっては、祖国とは新たな自由と同義であった。

　この軍歌は印刷され、マルセイユにも伝わった。「祖国は危機にあり」という呼びかけに応え、革命の防衛に寄与しようとする地方の連盟兵（革命軍参加者）たちが、その年の7月14日の革命記念日前後にパリに大挙して集結してきた。それが、8月10日のパリ民衆蜂起による王権停止と、秋からの共和政体への移行につながるのであるから、革命は大きな画期を迎えたのである。このときに、マルセイユからパリに上ってきた連盟兵たちが、祖国と自由のために勇ましく立ち上がる「ライン軍団の軍歌」を歌いながら進軍してきたのである。彼らの南フランス特有の活気をもった歌声は、行進の道筋でも首都パリでも、人びとを元気づけ印象づけた。

　そこから、この歌は「マルセイユっ子の歌」へと呼び方が変化し、1795年に一度国歌に制定されたが、革命が終息した以降には逆に、扇動的な歌として禁止されてしまう。ふたたび国歌として制定されたのが、フランス革命の継承をうたう第三共和政が根づいたときであった。それはまた当時にあっては、1870年の戦争でフランスが敗北を喫したドイツへの復讐を誓う、革命とは別の意味で愛国的、好戦的な雰囲気を伴うものでもあった。

かでも、自由と平等の原則をさらに徹底しようとする共和左派が台頭する時期もあった。いわゆるジャコバン独裁、正確には山岳派による革命独裁の時期がそれである。これに対抗した共和右派ないし穏健派は、のちにジロンド派と呼ばれた。そのリーダーにボルドーの商人や市民代表がいたからで、ボルドーを県庁所在地とするジロンド県からの命名である。ジロンド派は共和政や個人の自由、私的所有権の確立といった原則に賛同し、干渉してくる外国との戦闘も辞さなかったが、しかし山岳派のような厳格な統制は拒む、裕福な市民層の利害を代表する人たち、というくくられ方であった。

革命の暴力と白色テロル

　自由・平等・友愛をキャッチフレーズにした革命であったが、干渉してくる諸外国との戦争のなかで、事態は暴力化した。指導層は、新体制の樹立を中央集権的に強力に推進しようとした。その意向に沿わない動きはすべて反革命とされ、制裁の対象となった。中央政治のみでなく、地方についても同様である。革命直前に地方で高等法院廃止に反対した勢力は、地方独自の自由や分権を求めていた。しかし平等の法体系を全国に求める革命からすれば、そのような動きは反革命そのものとなる。現実に王政復活をねらう反革命派が、地方での動きに関与することもあったから、事態は複雑である。

　リヨンの場合が、その激烈な一例となる。1793年8月から9月にかけて、リヨンは革命軍によって完全包囲され、徹底的に弾圧された。5月にリヨンのジロンド派や右派が中心となって、春から市政を握っていた革命左派や民衆派を逮捕し、パリとは反対の方向をとったからである。軍事制圧ののち、リヨンの名前を剝奪して「解放市」とするという象徴的処罰に加えて、約2000名におよぶ関係者への死刑判決と集団処刑が実施された。赤色テロルである。マルセイユも同様の憂き目にあった。

　逆に、1794年夏の革命独裁崩壊後には、右派や復活をねらう王党派などによる白色テロルの嵐が吹き荒れることになった。今度は、かつての革命左派やその支持者が襲撃され、処刑される事態が続いた。とくに赤色テロルのひどかったリ

アジャクシオ、フォッシュ元帥広場のナポレオン像

ヨンとローヌ河谷一帯で、またマルセイユをはじめプロヴァンス各地でも、反動は過酷なものとなった。

ナポレオンと南の世界

　ナポレオン・ボナパルト（在位1804〜14、15）は、ジェノヴァ領からフランス領となったばかりの美しい島コルシカに、1769年に生まれた。わずか10歳のころにフランス北部の兵学校に入学し、パリの士官学校を出たあとリヨンの南、ヴァランスの連隊に配属される。1785年のことであった。名前がいかにも非フランス的なこの軍人がその歩みをはじめたとき、わずか10年後に重要な軍事リーダーの一人となり、さらに10年後には皇帝としてフランスを治め、ヨーロッパに自由を広げるのだとして戦線を拡大しようとは、誰に予想できたであろう。革命の勃発と収拾局面での混乱、ヨーロッパ各国との革命戦争がなければ、そのような展開はありえなかった。

　ナポレオンが軍人としての才能をはじめて評価されたのは1793年、重要な軍港トゥーロンのイギリス軍からの奪回作戦における成功である。ルソーの著作に親しみ、山岳派とも

トゥーロン、旧港にある航海守護神像

近かったナポレオンは、1794年のテルミドール反動以後、一時立場が危うくなる。しかし、革命収拾局面に入りつつあった95年にパリで王党派の暴動が起こると、その鎮圧を任され成功した。こうして彼は、フランス軍司令官の重職に任命され、1796年からは北イタリアに遠征してオーストリア軍と戦闘を交え、一年後の勝利に導いた。

　エジプト遠征の失敗や、皇帝失脚への序曲となったスペイン戦線とロシア戦線での失敗をみれば、ナポレオンが軍事の天才といえるかどうかはむずかしい。しかし彼が、将軍となったあともみずから先頭に立って前線に赴き、またそれをたくみに民衆にアピールしたことは確かであった。

　革命との関係で二面性をもつナポレオンは、成果を守る点では民法典を成立させて私的所有権を確立し、小土地所有農民たちを安心させた。教会との協調路線への転換も、カトリックが優勢な農村部では好感がもたれた。しかし対外交易に依存していたボルドーやマルセイユの人びとは、イギリスに対抗するためにナポレオンが布いた大陸封鎖令に反発し、おおむね反ナポレオンとなるのである。

革命とナポレオン帝政 | 71

7
経済・社会の近代化のなかで
19世紀から20世紀初頭まで

　ナポレオン失脚後19世紀のフランスは、政治的には激動を経験した。復古王政、七月王政、第二共和政、第二帝政、そして第三共和政。変わり目には革命が生じ、あるいはクーデタや戦争が関与した。それでも世紀なかばからは、まだ男性のみではあったが普通選挙権が確立した。

　経済的には、機械制の工場生産を主軸とする産業資本主義の発展があきらかである。とくに第二帝政以降、70年代からの不況にもかかわらず工業化は確実に進行した。世紀後半からの鉄道の本格的発達は、移動や流通を容易にし、各地を緊密に結びつけるようになった。フランスは海外植民地の確保も進め、イギリスにつぐ植民地帝国を形成した。

　社会的にみると、世紀前半には民衆の貧困解消や衛生確保が大問題であったが、世紀末には依然として格差社会とはいえ、貧困よりも労働条件や生活条件の改善が課題になってきていた。労働大衆や農民の家庭も、全国的な市場経済の浸透のなかで、消費単位として重要になってきたのである。

都市へ向かう山男たち

　19世紀にはまた、都市化が進んだ。パリなどの大都市は、人口も都市活動も、市域も拡大した。道路や上下水道をはじめとする都市生活基盤の整備は緊急の課題となり、集合住宅や基本施設の建築ブームが生じた。

　こうした建設業に労働力を提供したのは、おもに中央山地などの山間部から稼ぎに出た男たちである。農業や林業にたずさわる男たちは、農閑期の冬に都市へと出稼ぎにいく。世紀後半に鉄道が通じると、移動はより容易になった。出稼ぎというより、数年間都市で生活するようになると、本格的な移住へと変化した。こうして多くの山間部では離村現象、地域の高齢化と過疎化が世紀末にはじまる。

　17世紀のヴェルサイユ宮殿建設ですでに活躍していたリムーザン地方の石工職人たちは出稼ぎの典型で、優れた技術を受け継いでいた彼らなしには、19世紀の建築ブームは支

リムーザン地方ブリーヴの街並

アヴェロン　コンク近くの山並

えられなかった。陶器や革製品の生産で発展したリモージュや、やはり小工業や商業で栄えたブリーヴなどの地域内都市はあったが、雇用を支えられる規模ではなかった。パリなど大都市との往復は、地方に多くの情報をもたらすことにもなった。出稼ぎ労働者たちは、48年革命やパリ・コミューンにさいしては、多くが連帯の姿勢を示した。

　出稼ぎにはじまる都市への移住は、もちろんリムーザンのみではない。オーヴェルニュや、もっと南のアヴェロンなど、結果として過疎化に向かった山間部は少なくなかった。移住先も、ボルドーやリヨン、マルセイユなど、おなじ南のなかの大都市に向かう者たちがいたのは当然である。

さまざまな工業化

　フランスにおける工業化の展開は、北を中心としながら大きな地域的差異を示すと同時に、大規模化するよりも各地に中小企業が存続していたことに特徴があった。

　19世紀には鉄の生産が国家経済にとって大きな比重を占めるようになるが、それに応じて炭鉱開発も重要となった。作家のゾラが炭鉱地帯の厳しい世界を描いた小説『ジェルミ

リヨン市庁舎

ナル』は北フランスに取材したものだが、同様の世界は南にも存在した。たとえば、セヴェンヌ山地の入口にある都市アレスの周辺では石炭や鉄鉱石が産出し、19世紀から急速に工業が展開した。アヴェロンでも19世紀に、ドゥカズヴィルという鉱山と製鉄の町ができあがる。そのさらに南にあるカルモーはもう少し古い歴史をもつが、やはり19世紀に炭鉱開発が活発になり、多くの労働者をひきつけた。1892年のカルモー労働者のストは全国規模での支援活動を引き起こし、翌年、社会主義者ジョレスがこの地から国会議員に当選するもとになった。

　しかし19世紀の南における工業化の中心は、リヨン(→p.154)である。16世紀から本格化していた絹織物業は、18世紀の発展を受けて19世紀にさらに成長した。製造業と販売業とは別組織ができあがり、扱い量の拡大とともに金融業も発展した。フランスを代表する大銀行となるクレディ・リヨネのもとは、ここからはじまる。生産に携わる絹織物の職人的労働者は「カニュ」と俗称されたが、革命直前には3万人がリヨンのクロワ・ルス(→p.155)という街区に集積していた。

モンペリエの朝市

　19世紀の成長に拍車をかけたのは、ジャカールによる新たな織機の発明である。日本にはジャカード織として製品と機械とが導入され、京都の西陣織が飛躍するきっかけを与えることになる。日本などアジア産の絹織物が、19世紀末にはリヨンのそれに競争力で打ち勝つことになるわけだから、技術移転の結果は皮肉であった。

　しかしリヨンとその一帯では、さらに新たな工業が展開した。化繊工業や化学薬品工業、金属工業や初期の自動車生産、さらにはリュミエール兄弟による映画の開発、いずれもリヨンが中心であった。近くのボージョレで産出されるワインは、20世紀なかばからはボージョレ・ヌーヴォーによって全国、さらには世界で有名になるが、この時代にはもっぱらリヨン向けである。

　リヨンの南西に位置するサン・テチエンヌでは、炭鉱が開発されるとともに金属工業が興り、従来も有名であった銃器製造業は、さらに活性化した。クレルモン・フェランは19世紀末に、ミシュランがゴムタイヤの製造工場を開設したことで、一挙に工業都市へと転換していくことになる。

経済・社会の近代化のなかで　75

農業社会の絶頂期

　1900年にフランスの総人口は3900万。そのうち工業と農業の従事者はほぼ同等であった。中央より北では小麦生産など大規模農業が進んでいたが、南では中小農民が依然として多い。鉄道によって輸送網が発達することで、農産物の市場も広がった。オーヴェルニュの南の特産、羊のチーズ、ロックフォールのように、各地なりの特産品が商品として成立するのは、じつは19世紀が多い。

　ルシヨンやローヌ下流域の生鮮野菜は、都市の市場に向けて発送された。中央山地やラングドックの丘陵地帯では、肉牛や羊の生産がさかんとなり、ラングドックでもプロヴァンスでもワインの生産が急速に拡大していった。19世紀に銘柄としての権威を確立するボルドーやブルゴーニュと比較して、当時のラングドックなどのワインは、日常用のいわゆるテーブル・ワイン（ヴァン・ド・ターブル）であった。

　生産地とその周辺で消費されるより、離れた土地を含む市場の拡大は明確となる。とくに農産物の消費市場として都市の発展は大きかった。各地で、農産物市場をもった集積地でもある中核都市が、重要な位置を占めるようになる。

　たとえば、南ラングドックの中核都市モンペリエは、さしたる工業があったわけではないが、ローヌ河口からナルボンヌにかけての広域の中心となる。すでに旧王政下から地域行政の中心であり、古くから医学部で有名な大学が、知識文化の地域的な核を形成していた。19世紀には、周辺の農地を所有している豊かな地主階級が市民上層部を形成した。たおやかで端正な絵を描く印象派のバジールは、そうした裕福な旧家に生まれた人であった。彼が、売れないころの貧しい印象派の画家を金銭的に支えたのは、そうした余裕のなせる技である。バジールの生家をはじめ、今でも旧市街は、長年にわたる社会的文化的なストックを感じさせる雰囲気がある。

　ナルボンヌを越えると、カルカソンヌなどオード川流域一帯は、タルン川流域のアルビやモントーバンと並んで、むしろトゥールーズを中核都市とした。旧アキテーヌ地方やペリゴール地方にとっては、もちろんボルドーである。

モンペリエ、バジールの生家

ワインの危機

ミネルヴォワのブドウ畑

　フランスにおけるワインの歴史は古いが、各地でブドウ栽培が進みワインが大量に生産されるには、19世紀まで待つ必要がある。19世紀でも、多くのところで農民は日常的にワインを飲んだわけではなく、飲むのは祭礼のときくらいだった。ワインや蒸留酒の消費は、社会の上層部以外では都市の民衆世界が顧客であった。

　南フランスのワインは、セト築港の17世紀に流通経路が広がったといわれるが、本格的に広がるには、19世紀の鉄道網発展が必要であった。銘柄品となったボルドーなどと違い、南のワインは民衆階層にも手の届く日常用であった。

　ワイン生産地がプロヴァンスからラングドックを経てルシヨン、そしてボルドーに近い一帯へと大きく広がったとき、1863年から80年代末にかけてブドウの根につくフィロクセラという害虫が広まり、ブドウ栽培はひどい被害を受けることになった。ガール県から生じた被害の原因が虫だと分かったのは、69年である。最終的には、病害虫に強い苗木がアメリカから輸入され、フランスのブドウがそれに接木された。フィロクセラの危機は乗り越えられたが、南フランスのブドウ栽培農民とワイン製造業者の一部は、フランス領となっていたアルジェリアに生産地を移した。

　フィロクセラのあいだに、ラングドックの一部の生産者は、低下したワインの質をごまかすために糖分を人工的に添加するなど、不正を繰り返すようになっていた。20世紀はじめには、質の低下と量のだぶつき、結果としての価格暴落が生じる。

　これにたいして1907年、南フランスのブドウ栽培農民とワイン製造業者とは、政治的立場の左右を問わず怒りの行動を起こし、不正絶滅に立ち上がった。ミネルヴォワやコルビエールをはじめ、南ラングドックのワインが高い質を現在確保できるためには、1世紀を超える苦心があったのである。

8
二つの大戦と海外植民地
第一次世界大戦から20世紀末へ

　20世紀冒頭の時代はベル・エポックといわれる。よき時代というわけである。たしかに1900年のパリ万博が示したように、電光が夜空を赤々と照らし、陳列された機械類は技術の驚くべき進歩を表現していた。町には自動車が馬車にまざって走り、ドレフュス事件の混乱を乗り切ったフランス社会は、着実な前進を示して自信に満ちているようにみえた。

　しかし国際政治経済のうえでは、欧米諸国による覇権争いが激化していた。アフリカ大陸での植民地争奪をめぐる紛争も絶えなかった。欧米諸国による植民地支配は「文明化の使命」という美辞麗句によって正当化されていた。

　平和への模索はあったが、むしろ戦争もやむなしという予感も否定しがたく漂っていた。工業化の進展によって、兵器の多様化と大量殺戮能力の上昇はあきらかであったが、それがどれほどの危険をもたらすかの認識は不思議と欠けていた。20世紀は未曾有の「戦争の世紀」となり、世界中で、それまでの人類の全歴史を通した戦争犠牲者の総数を上回る死者を、兵士だけでなく非戦闘員である市民にまでもたらす。

第一次世界大戦のトラウマ

　1914年から18年までの第一次世界大戦でフランスが払った犠牲は、死者140万、傷痍者75万におよんだ。とりわけ歩兵を多く供出した農民たちに被害は大きく、死傷者約120万と見積られている。直接の戦線となった北部や東部では、砲撃によって町や村が壊滅状態になることも起こったが、南ではそうした被害はなかった。しかし、前線に兵士として出征した働き盛りの男たちが、多く命を落としたことにはかわりなかった。

　第一次世界大戦の戦闘で倒れた兵士たちに捧げられた戦没者追悼慰霊碑は、ほぼすべての自治体で広場などの中心部や町の入口などに建てられている。11月11日の終戦記念日は現在でも国民の祭日であり、依然として多くの自治体でセレモニーがおこなわれる。それだけ、第一次世界大戦の記憶は

オーヴェルニュ地方、ティエールの第一次世界大戦戦没者追悼慰霊碑

人びとに衝撃を残すものであった。

　1914年真夏の開戦当初には、兵士たちは防衛を果たしてクリスマスには家庭に戻れるだろう、そう信じられていた。しかし軍部や政界の予想にも反して状況は膠着し、フランス北部や東部の戦線では両軍ともに塹壕に籠ったにらみあいが続いた。双方からの突撃が、多くの死傷者を出して繰り返された。1917年を過ぎるなか、前線兵士のあいだに疑問が出はじめ、総力戦で食糧や物資も不足しがちとなった後方でも、批判が起こる。たとえば、兵器製造の中心となったロワール県のサン・テチエンヌでは1918年5月に、戦争終結を求める労働者の抗議行動が起こされ、同様の動きはガール県、イゼール県、そしてリヨンなどでも生じている。

　それでもフランスは、最終的には勝利を手にし、戦後復興の歩みも取りあえずは順調に進んだ。しかし、多くの壮年男子を失ったことは、人口構造にゆがみをもたらさずにはいなかった。19世紀末からすでに人口が伸び悩みはじめ、高齢化社会への動きがみられたフランスは、近隣のベルギー、スペイン、イタリアなどから、おもに季節労働者として移民を

ヴィシー 1940年7月10日の両院合同議会が開かれたカジノと劇場

受け容れていた。しかし第一次世界大戦終了後には、近隣諸国からの人の動きは移住へと変化しはじめた。

ヴィシー政権とレジスタンス

　1929年のウォール街に端を発した大恐慌は、数年後れてフランスにもおよんだ。社会党を中心に36年に発足した人民戦線政府は、ヴァカンスの法制化など社会立法を中心として経済社会の立て直しを図ったが、スペインでは内戦状態、ドイツではナチス、イタリアではファシストが台頭するなか、内外政ともに暗礁に乗り上げた。そうした混乱ののち、1939年9月、ナチス・ドイツがポーランドに侵攻したのをみたフランスは、イギリスとともに対独宣戦布告をおこない、事態は第二次世界大戦へと展開していく。

　フランスは、ドイツの機動戦のまえに1940年6月、休戦協定をよぎなくされた。事実上の敗戦受諾である。中央部から北、および英仏海峡から南へ大西洋に面した広域がナチス・ドイツによって軍事占領下に置かれた。南フランスの非占領地域は、ペタン元帥を国家元首とするフランス国政府が統轄下に置いた。いわゆるヴィシー政権の誕生である。

ヴィシー　陸軍省が置かれたホテル「ル・テルマル」

　ボルドーは占領下にあり、リヨンやマルセイユは大きすぎて忌避された。しかも、政府所在地として多数の役人を擁する官庁を収容できる規模は必要であった。高級保養地として多くの大型ホテルやカジノがあるヴィシーが、非占領地域ではパリとの位置関係もよく、選定されたのである。

　ナチスとの休戦協定を受け容れない人たちもいた。ロンドンに逃れて徹底抗戦を呼びかけたドゴール将軍たちの「自由フランス」である。彼らは、連合軍とともにフランス解放の軍事行動にでる。国内でも、さまざまな抵抗運動（レジスタンス）が起こされた。消極的な非協力から、武器を取ったゲリラ戦にいたるまで、その形態はさまざまであった。

　ドゴールは、国内のレジスタンスを糾合してナチスを叩き、解放後に備える使命を、戦前には地方行政に通じた官僚だったジャン・ムーランに託した。パラシュート降下で国内に潜入したムーランは困難な仕事をこなし、1943年5月には「全国抵抗評議会」の結成に成功する。しかしその直後、ムーランはリヨン近くで捕まり、拷問を受けて移送中に死んだ。

　1942年、連合軍が北アフリカを制圧したのを受けて、ド

イツ軍は非占領地域にまで軍事展開していた。フランス全土を直接統制下に置き、レジスタンス弾圧とユダヤ人狩りに狂奔、それまでレジスタンスの中心地であったリヨン一帯でも、作戦展開は熾烈となっていたのである。山地と森林の多い南フランスは、ゲリラ活動には格好の舞台であった。レジスタンスによるゲリラは、南フランス特有の灌木帯マキの名前で呼ばれ、その活動家はマキザールといわれる。ナチスによる軍事弾圧や報復制裁も徹底していた。ヴェルコールの森のマキで有名なドーフィネ一帯は、その典型例であった。

　マルセイユでは、直接占領に入ってきたドイツ軍によって旧港一帯の住民が強制排除され、空白地が作られた。これにたいし連合軍は、43年から44年にかけて空爆を繰り返した。空爆は44年5月、リヨンにもおこなわれた。6月のノルマンディ上陸作戦に先行する軍事行動である。当然、一般市民の犠牲も伴われた。ノルマンディ上陸作戦の成功を受け、8月にはコート・ダジュールの海岸に連合軍が上陸作戦を展開し、南からの攻勢に出た。フランス軍もこれに加わり、独自にトゥーロン、マルセイユの解放に成功する。ナチス・ドイツの敗色は濃厚になった。リヨンも、9月にはレジスタンスのマキザールとフランス国内軍によって奪還された。ドイツ軍は、ローヌとソーヌに架かる橋を落として退却した。

「栄光の30年」と旧植民地の独立

　ナチス・ドイツは崩壊し、敗北した。ドイツはソ連を含めた連合軍側の4国によって分割占領下に置かれることとなるが、ドゴールのもとでフランスは、アメリカによる内政干渉を回避したのみならず、このドイツ占領の一端にも加わる。いわば戦勝国と同等の扱いとなった。しかし、米ソ対立の冷戦構造が成立してくるなかで結局、アメリカからのヨーロッパ復興援助マーシャル・プランを受けることになる。

　政治情勢は、1960年代に入って第五共和政が成立するまで落ち着かなかったものの、経済面でいえば、戦後復興から成長期にいたるほぼ30年間が「栄光の30年」といわれるような発展期にあたる。その間に、不足した工業労働力は北アフリカの旧植民地マグレブ三国、すなわちモロッコ、アルジ

マルセイユ、マグレブ航路の連絡船

ェリア、チュニジアから、そしてまたサハラ以南の旧植民地からも、導入されるところとなった。

　旧植民地、そう、大戦以前の植民地は、終戦とともにきそって独立運動を激化させた。すでに第一次世界大戦で、植民地からはフランスの兵士として、あるいは不足しがちであった労働力として人員が補給され、本国との関係に変化の兆しがもたらされていた。植民地であったベトナムでは1946年から開始された独立勢力との戦争が泥沼化し、結局フランスはインドシナからの撤退をよぎなくされる。

　ついでアルジェリアでも、民族解放戦線のゲリラ闘争が激化していった。アルジェリアは、1830年以来フランスが植民政策を実行した結果、多数のアラブ系現地住民を、フランス系住民とフランス行政当局、軍部とが、支配する構造ができていた。現地のフランス勢力は、独立勢力にたいする徹底弾圧を主張して、本国のフランス政府とも対立するようになる。複雑な関係が入り乱れたが、ここでも結局フランスは、政界に復帰したドゴール将軍の指導のもとで独立を承認せざるをえなかった。1962年にレマン湖のほとりエヴィアンで

マグレブ出身の人びと

結ばれた協定で、アルジェリア独立は正式になった。

　経済発展期には工業化が進むとともに、サービス部門もまた発展したが、そのかわり農業人口は大きく後退することになった。農業生産は一貫して重視されたが、とくに南フランスにとっては、山間部での離農現象と過疎化は、押しとどめようもなく進んだ。もっともその分だけ、歴史的な集落形態が維持された結果、ポスト工業化の時代に古くからの農村や小都市が、あらためて脚光を浴びるもとにもなったのは、歴史の皮肉とでもいえようか。

　他方、工業化に労働力を提供した移民たち、とくにマグレブからの移民は、ドル・ショックとオイル・ショックを受けた1970年代半ば以降、経済が長い不況と雇用問題をかかえるなか、今度は余計者扱いされることになった。移民差別、という問題である。フランスで生まれた移民2世、3世は、フランス国籍をもっているにもかかわらず、社会的差別に苦しむことになる。それにたいしては、社会的連帯の運動もまた積極的ではあるが、移民問題は、もとをたどれば旧植民地支配からもたらされた大きな付けともいえる課題である。

トクヴィルとアルジェリア

マルセイユ旧港

　1930年、アルジェリア百年祭が開かれた。重要な港町オランでは、1月から6月まで記念博覧会が開催され、時の大統領ドゥーメルグ来訪は、大歓迎された。百年祭とは、もちろんフランスによる支配開始以来の勘定である。この時期には、フランスにたいする正面切っての独立運動は、まだなかった。

　しかしフランスによる「文明化」の名によるアルジェリア軍事支配開始は、長く続いた激しい抵抗運動をつぶすことによって実現したものであった。19世紀前半から半ばにかけてのことである。そのころ、フランスを代表する自由主義思想家に、アレクシス・ド・トクヴィルという人物がいた。伯爵家という上級貴族の家柄であったが、七月王政から第二共和政にかけて議員として活躍した政治家で、ナポレオン三世のクーデタに反対して政界を引退し、文筆活動に専念した才人である。

　現在もトクヴィルは、若くして発表した『アメリカの民主主義』や政界引退後に執筆した『アンシャン・レジームと革命』などで、同時代の問題を見抜いていた慧眼の政治思想家として高く評価されている。彼は、民主主義への歴史的展開を不可避なものとして評価しつつも、平等の推進が自由とは対立してしまう難題に早くから気づき、なにより自由を重視し、国家による中央集権的な画一的支配を批判した。

　しかしその彼にして、フランスによるアルジェリア支配については、文句なくそれを支持し、「野蛮」な抵抗は「文明」の名において実力で粉砕すべきことを躊躇なく主張していた。その言説の激しさは、自由主義思想を表明している人物によるだけに、現在読んでも衝撃的である。19世紀には、このような文明化の言説は彼だけでなく、ほとんどのフランスの、いやヨーロッパの人びとのものであった、という面をどのように考えるべきか、歴史認識にとっては重い課題というべきであろう。

9
統合ヨーロッパの時代に
冷戦終結から21世紀へ

　20世紀における二度の大戦は、ドイツにとってもフランスにとっても大きな傷痕を残した。しかし二度目の終戦ののち、こうした不幸を繰り返してはならない、と強く考える人たちの力が強くなった。ただし両国とも、純粋な平和主義とはかぎらない。米ソ対立という二極世界のなかで、いかに安全保障を確保して自分たちのプレゼンスを確立するか、という意識が強く裏打ちしていた、とみたほうがよいであろう。とくに、戦後政治における欧州統合の政治的キーパーソンとなったフランス大統領ドゴール、ドイツ(当時の西ドイツ)首相アデナウアー、いずれの場合もそうである。両人が立役者となった1963年のエリゼ条約は、独仏間の協力体制確立を揺るぎないものにする重要な一歩であった。
　第一次世界大戦後にも、当時の重要政治家であったドイツのシュトレーゼマンとフランスのブリアンとのあいだで、紛争のない発展を目指す欧州統合の模索がなされたことがあった。二人はノーベル平和賞を授与されたが、しかしその計画は実現することなく、つぎの大戦へと展開してしまった。第二次世界大戦後に欧州統合の先導者となったのは、フランスの経済復興で重要な位置を占めたジャン・モネと、外交面でのロベール・シューマンである。20世紀後半におけるEU形成への歩みは、欧州石炭鉄鋼共同体(ECSC)形成という相互経済協力からはじまって、物・人・資金の動きにおける共同体制へと順次、現実的に推進されていったことが、その成功の一因であろう。冷戦終結後に拡大を続けたEUは、東ヨーロッパにまで加盟国を広げているが、つねに中核に位置したのはドイツとフランスの政治である。

欧州統合と地方分権
　20世紀末から21世紀にかけて、南フランスに焦点をあわせたとき何に注目すべきか、答えるのはなかなか難しい。フランスを含めたEU内で全体としていえるのは、つぎの二点である。一つは統合による移動や交流の自由化によってもた

モンペリエの開発地区

らされた面、他方は一見すると逆の現象のようだが、それぞれの地域の独自性や自律性の強化という面である。統合によっても各国家の主権が放棄されたわけではないが、しかし国民国家の枠組が相対化されてきたことは間違いない。

　フランスでは、すでに1960年代から70年代にかけて、当時は地域主義運動と呼ばれたものだが、地域の独自性を再確認しようとする動きが顕著にみられた。80年代のミッテラン大統領の時代になると、このような地域の再評価は、中央政府からの権限委譲をともなう地方分権として現実になった。本書とその分身『フランス1』でも採用されている地域区分は、そのとき以来新たに形成された地域区分である。それは歴史的な区分を踏まえながらも、現代に即応させようとするものであったので、歴史を語る場合にはいささかのズレを感じさせるものではある。この地方分権化は、現在の日本で問題になっている道州制を想起すれば分かりよい。

　また、各種の地域開発政策のなかで、大規模な整備事業が推進されるところもあった。たとえば、古い歴史をもつモンペリエ(→p.149)では、旧市街に接してポリゴーヌと名づけら

れた商業地区、アンチゴーヌと名づけられた居住地区が形成され、ボフィル設計のポストモダン建築で注目された。由緒ある大学や劇場、美術館など文化施設にも恵まれているモンペリエのような都市の場合は、新たな地域区分の中心になることで、再活性化の機会をうまくとらえたとみてよいであろう。

　じっさい、新たな地域区分でその中心となる都市は、経済的にも文化的にも発展の機会を新たに提供された形となった。20世紀を通じてトゥールーズ郊外で発展した航空機産業は、エアバス開発などで欧州規模となり、世界市場でボーイングと覇を競うまでに成長した。マルセイユもまた脱植民地化の波を経て港湾都市としての新たな発展をはじめるとともに、地域中心としての拡大が進んでいる。リヨンやボルドーはいうまでもなく、エクス、ニース、ニームなど、地域中心となる都市はまた、大学や劇場などの文化関連施設をそなえて、地域の文化中心としても重要な位置を占める。

苦闘する農業と発展する第三次産業

　EUの枠内で1990年に調印されたシェンゲン協定が95年に発効し、協定調印国間の国境は事実上廃止された。21世紀はまたユーロ圏という、参加諸国にとっては共通通貨が前提となる時代としてはじまった。これはたしかに、欧州経済の活性化や調整を促す機能を発揮しているが、アメリカ主導で進められた市場の世界規模での自由化促進、いわゆるグローバル市場の形成は、競争力の弱いところにいっそう厳しく迫る性格をもつ。EU域内でも価格競争にさらされることから、きわめて厳しい状況に置かれる部門もある。たとえば農業がそうで、とくに南フランスの小規模農業にとって状況はきわめて厳しい。農民たちはオルターナティヴ・グローバリズムに関心を寄せたり、マクドナルド進出にたいする反対の実力行使がなされたりした。

　過疎化とあわせ、農村を取り巻く経済環境は厳しい。しかし「美しい村」を顕彰する運動が南フランスの村落を多くあげているように、現代の激変を受けなかったことが逆に長所として再評価されるような時代にもなっている。住み手のいなくなった家屋は、フランス人に限らずオランダや北欧から、

三色旗とECの旗

あるいはイギリスなどからの新たな住民が、生活の場として、あるいはセカンドハウスとして購入する対象ともなっている。こうした現象は、EUの時代ゆえであろう。

　また、ポスト工業化の状況のなかで、情報産業の立地といった新たな動きがみられるとともに、観光ビジネスは大きな発展を示している。ここでも、工業化のなかで主要な展開から外れていたことが、むしろ南にとってはプラスに転化している、ともいえよう。もともと、地中海性の気候と起伏に富んだ地理的条件は、古くから南フランスの地を、豊かな自然環境と暮らしやすさで人びとの集まるところとしてきた。人びとの移動をめぐる技術や制度の新たな時代状況のなかで、そのような側面があらためて脚光を浴びている。

　中心都市が新たに発展するに応じて、しばしば郊外問題も生じる。歴史的中心街が整備され、多くの観光客をひきつけ経済活動も活発化させているのにたいして、貧しい居住条件の郊外に移民や貧困層が堆積する。こうした経済格差と、さらなる移民の流入といったEU時代の新たな問題にどう対処できるか、可能性と課題とが同居しているのが現状である。

DOM-TOMとクレオール文化

クレオール音楽コンサートのポスター

　DOMというのは海外県、TOMは海外領土である。いずれも暗い歴史の影を引きずる旧植民地であり、南フランスにいれるのもいかがなものかとは思うが、最後にふれておきたい。

　海外県とは、カリブ海に浮かぶ島グアドループとマルチニック、南アメリカ大陸北東岸のフランス領ギアナ、インド洋のアフリカ沖に位置するレユニオン島（かつてのブルボン島）、の4県である。かつて、カリブの島やレユニオン島は奴隷労働を使役した砂糖生産地として重視され、ギアナはカイエンヌで有名なように恐怖の流刑地、といった具合であった。しかし現在では、差別の存続があるとはいわれるものの、住民には等しくフランス市民権が認められ、国会にも議員が送り込まれている。ギアナには宇宙航空基地も置かれている。

　海外領土は、ニューカレドニア（フランス語発音ではヌーヴェルカレドニー）やタヒチなど100以上もの島々からなるフランス領ポリネシアなど、世界各地に散在している。

　これらの海外県・海外領土は、ほかのフランス領であったアフリカ諸国やインドシナ諸国のように、独立運動がなかったわけではないが、規模の問題もあるであろう、フランスの枠組内にとどまった。軍事基地としての役割以外に、現在では多くのところが異郷趣味をくすぐる格好の観光地となっている。

　これらの地では、植民地支配下にフランス化が進行させられたが、言葉の面でも文化においても、現地の言語文化やアフリカ系住民の言語文化、そして現地化したフランス出身の人たちの言語文化が、多様に混ざり合った。そうして成立した、フランス語と現地諸語の混成であるクレオール語を基盤に、独特の文化が形成されるにいたった。歴史の影を内包しつつも、文化の多元性を文字通り体現しているクレオール文化は、カリブ諸島における文学作品を代表にして、豊かな可能性を秘めたものとして注目されている。

第Ⅱ部
山間の街と
陽光の海岸へ
──南フランスの旅

ラングドック・ルシヨン地方、キュキュニャンの村

POITOU-CHARENTES
ポワトゥ・シャラント

　パリからトゥールを経てボルドーへ向かうTGVの、行程後半の大半がポワトゥ・シャラント地方である。ロワール川に近い北部、ヴィエンヌとドゥ・セーヴルの2県がポワトゥ地方と呼ばれ、南部2県のうち、大西洋岸はシャラント・マリティム（海辺のシャラント）県、内陸部がシャラント県に分けられている。

　穀物畑と牧草地が広がるなだらかな大地は、気候も穏やかで、日照時間は、コルシカとともにフランスでいちばん長く、年間2000時間を超えるという。

　トゥールから、ポワチエ、アングレームを通過してボルドーへ向かうルートは、中世のサンチャゴ・デ・コンポステラへの巡礼路でもあった。**ポワチエ**や**オールネイ**など、ロマネスク様式の美しい教会が数多く遺されている。**サン・サヴァン修道院の壁**

15世紀の要塞のドンジョン（天守）から見たニオール市街。サン・タンドレ教会の尖塔は高さ70m。

画は、ロマネスクのフレスコ画で最も美しいといわれている。

　ニオールの西セーヴル川沿いには、網の目のような水路を小舟が行き交う緑水郷地帯「マレ・ポワトヴァン」が広がっている。

　16世紀以来、新大陸との交易港として栄えたラ・ロシェルを中心とする大西洋岸は、漁業やカキの養殖、製塩で知られている。ラ・ロシェル沖のイル・ド・レ（レ島）と、コルシカにつぐ面積のイル・ドレロン（オレロン島）は、夏のリゾート地としてもにぎわっている。

　シャラントの中心アングレームと、ローマ遺跡が残るサントの中間に、**コニャック**の町がある。いうまでもなく「コニャック（ブランデー）」の生産地。17世紀に生まれたこの高級酒は、地元の白ワインを蒸留して造られ、その8割が輸出されている。

ラ・ロシェル旧港

アングレーム美術館。植民地時代の遺産。

ポワトゥ・シャラント

Poitiers ポワチエ

　パリからのTGVで1時間半。古くから交通の要地にある古都ポワチエは、732年にアラブ軍を破ったトゥール・ポワチエ間の戦いや、百年戦争でイギリス軍に大敗したポワチエの戦い(1356年)の場となった。中世にはサンチャゴ・デ・コンポステラへの路の重要な巡礼地だった。

　現在は、ポワトゥ・シャラント地方圏とヴィエンヌ県の都であり、パリ大学に並ぶ歴史ある大学を持つ学園都市である。

　クレン川とその小さな支流に囲まれた丘がポワチエの旧市街。丘のふもとの駅前から階段を上ると、すぐに古い街並に入る。

ノートルダム・ラ・グランド教会

　ノートルダム・ラ・グランド教会は、巡礼の拠点の聖堂としては、小さくかわいらしい。西正面は繊細な浮き彫り彫刻で埋め尽くされている。この正面には、ほかの地

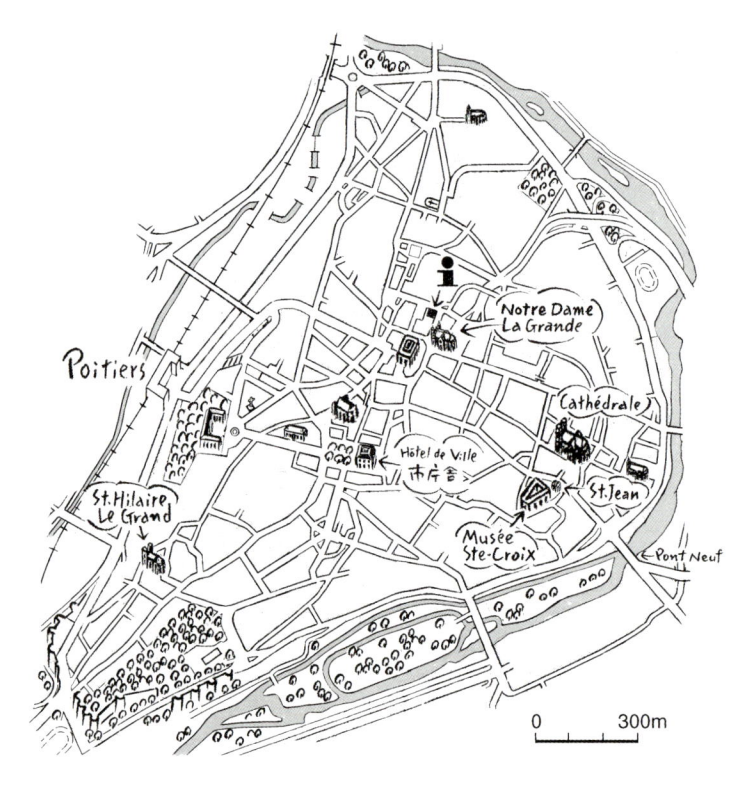

方のロマネスク聖堂にみられる扉口上部の半円形タンパンがない。また、中央扉口の左右のアーチには扉口がない。どんぐりの帽子のような塔の屋根も、この地方のロマネスク独特の特徴である。

12世紀の円塔（ドンジョン）のある**裁判所**の建物は、ポワトゥ伯でもあったベリー公ジャンの館だった。ジャンヌ・ダルクは、シャルル7世に会ったのち、ここの大広間で異端審問を受けている。

サン・ピエール大聖堂は、14世紀に完成したゴシック建築。内陣にフランス最古とされる13世紀のステンドグラスがある。

大聖堂の南、科学技術文化センターの向かいの**サン・ジャン洗礼堂**は、4世紀に造られたフランス最古のキリスト教建築のひとつ。その後何度も改築されているが、レンガの外壁上部などにメロヴィング期の装飾模様が遺されている。内壁に描かれた馬上のコンスタンチヌス大帝の雄大な壁画は、11世紀ロマネスクの作品だ。

洗礼堂裏手の**サント・クロワ美術館**には、先史時代からの考古学出土品と、19世紀以降の絵画・彫刻が展示されている。

ポン・ヌフまたはジュベール橋を渡り、クレン川対岸の高台に上ると、中世の街並の丘を一望できる。ポン・ヌフ西側の川沿いは、緑の水辺の散歩道になっている。

巡礼路の教会として、ユネスコ世界遺産に指定されている**サン・ティレール・ル・グラン教会**は、都心から離れた住宅地にある。狭い道に面した正面は19世紀のものだが、本体は11世紀の建築。入口から内陣へ向かう身廊の上に、丸天井（クーポール）が連続している。東欧や地中海地方のビザンチン聖堂に一般的なクーポールは、南西

丘の街ポワチエは、パリからTGVで1時間半

地方にいくつかの例がみられるだけでフランスの中世教会には珍しい。

サン・ティレールからさらに南に行くと、クレン渓谷を見晴らす城壁際へ出る。

ポワチエ北の郊外には、映像のテーマパーク Futuroscope（フュチュロスコープ）がある。周囲には、情報や航空系の学校とハイテク企業を集めた、科学技術都市が形成されている。

フュチュロスコープ

Saintes サント

シャラント河岸にあるサントンジュ地域の中心サントは、川船による物資の流通で古くから栄え、ガロ・ローマ期の遺構や、中世の教会が数多く遺されている。

川の右岸にある**サン・テュトロプ教会**は、3世紀の**クリプト**(地下祭室)の上に建つ11世紀の建築で、ユネスコの世界遺産。旧女子修道院の**サント・マリ修道院教会**(→p.48)は、11〜12世紀のロマネスクで、正面アーチに施された帯状の彫刻が美しい。

ゲルマニクス門(→p.30)は、紀元19年にローマの石橋の左岸側に造られたもの。橋を撤去した時に壊され放置されていたが、19世紀半ば、『カルメン』の作者で史跡監督官のメリメによって再建された。

左岸の旧市街に、12〜15世紀に建造された**サン・ピエール大聖堂**の鐘楼がそびえている。左岸には、紀元40〜50年の**円形闘技場**(アレーヌ)や、**共同浴場**(テルム)の跡もある。ここはローマ人が支配するアキテーヌの首都だった場所なのである。

ラ・ロシェルまたはアングレームからのローカル線(ter)で、ともに約1時間。

2万人近い観客を収容できた闘技場

サン・ピエール大聖堂の巨大な鐘楼がそびえるサントの町

Angoulême アングレーム

　シャラント県の都アングレームの旧市街は、シャラント川を見下ろす城壁で囲まれた丘にあり、「上の町」と呼ばれている。

　12〜13世紀に、プランタジュネ家のもとでイギリス王の支配下にあった町は、フランスの王権が確立した13世紀半ばから王家の封地となり、アングレーム公爵の宮殿が置かれていた。13世紀と15世紀の二つの塔をもつ旧公爵宮殿は今、市庁舎として使われている。

　城壁際にそびえる**サン・ピエール大聖堂**は、正面の浮き彫り彫刻で知られる12世紀のロマネスク建築。4層のアーチが並ぶ西正面を、70を超えるという人物？と、無数の動物？たちが埋め尽くしている。北翼廊の塔は、高さが60mもある。

国際マンガセンター（CINBDI）

　アングレームは17世紀以来製紙工業が盛んで、シャラント川周辺には製紙工場や手漉き紙の工房が点在している。城壁下の流れの上に建つ、かつてのタバコ紙工場跡が、**紙の博物館**になっている。

　この町は今、国際マンガ祭で知られ、**国際マンガセンター**が人気を集めている。

サン・ピエール大聖堂。アングレームは、パリからTGVで2時間15分

ポワトゥ・シャラント | 97

La Rochelle ラ・ロシェル

　沖合にレ島とオレロン島を望む港町ラ・ロシェルは、13〜15世紀にはフランスの大西洋岸で最も重要な港だった。

　16世紀後半にプロテスタントの拠点となり、第3次・第4次宗教戦争で王権に対抗していたが、1625年、宰相リシュリュの攻撃、27年9月からの包囲作戦に、籠城の末28年10月に陥落してしまう。

　このとき受けた砲撃のため、市壁で囲まれた旧市街には、17世紀前半以前の建物はほんのわずかしか遺されていない。

　無数のヨットが帆を休める旧港には魚市が立ち、魚介類のレストランが軒を連ねている。旧港入口に建つ**鎖の塔**(→ p.56)は、14世紀の要塞の火薬庫で、夜間には対岸の**サン・ニコラ塔**との間を鎖で結び、港を封鎖していたという。15世紀の**ランテルヌ塔**は、17〜18世紀には牢獄に使われていた。

　鎖の塔には今、カナダへの移民の歴史が展示されている。カナダやカリブ海の植民地開発が本格化した17世紀、ラ・ロシェルは、アフリカから連れて来た人びとを新大陸へ運び、砂糖、香料、カカオなどを持ち帰る三角貿易の重要な拠点だった。

　南の船溜まり周辺には、外洋ヨット、トロール船、気象観測船などさまざまな船が並ぶ**海洋博物館**や、**水族館**などがある。

　14世紀の**大時計の門**から入る旧市街に

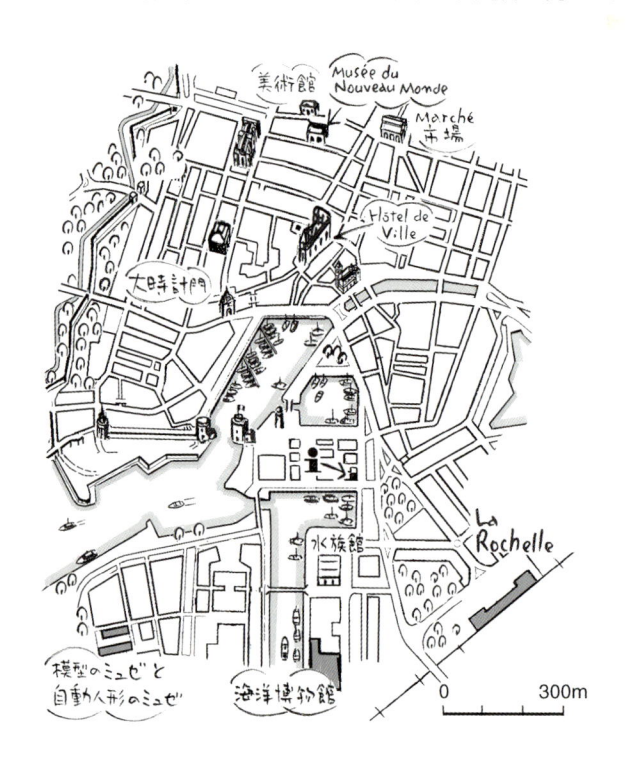

市壁で囲まれた旧市街から望む、旧港入口のサン・ニコラ塔。高さ42m。

は、リシュリュの包囲後に再興したアーチ型回廊のある美しい街並が続いている。

　18世紀の館の**新世界博物館**は、ケベック、ルイジアナ、アンティル諸島などの資料が展示されている。当時描かれた黒人やインディアンの姿は、まさに植民地主義まるだしである。**自然史博物館**に並ぶ、19世紀初頭の博物学者ラファイユの、民俗資料を含む膨大な収集品も必見である。

　現在のラ・ロシェルは、市内への車の立ち入りを禁止し、代わりに貸電気自動車を設置するなど、最も先進的なエコロジー都市として知られている。

　パリからポワチエ経由のTGVで約3時間。

旧港と、東の船溜まりとを結ぶ運河

水揚げされたばかりの魚介類が並ぶ

ポワトゥ・シャラント

AQUITAINE
アキテーヌ

　アキテーヌは、大西洋岸のジロンドとランド、その南のスペイン国境寄りに、バスクを含むピレネ・ザトランティク、そして、渓谷と山あいの、ロート・エ・ガロンヌとドルドーニュの5県で構成されている。

　アキテーヌは、クロマニョンの先史時代から、ローマやイギリス王の支配下にあった時代を経て、歴史の転変を過ごして来た。地理的にも、人びとの生活や文化でも、きわめて変化に富んだ地方で、ペリゴール、ガスコーニュ、バスクなど、それぞれ旧名で呼ばれることも多い。

ペリゴールのガチョウ

アジャン。アーケードのある木組みの家。

　ジロンド河口のグラーヴ岬から、カキの養殖と海水浴で有名なアルカションにかけての大西洋岸は、砂丘と松林の間に大小の湖が点在し、モン＝ド＝マルザンに県庁があるランド県には、19世紀に植林されたフランス最大の森が広がっている。

　独自の文化をもつバスクの海岸。その東の美しいピレネの山あいには、ロマネスクの教会をもつ小さな村が眠っている。

　アジャン周辺は果物の生産が盛んで、とりわけ3世紀から作られている干しアンズ「**アジャンのプリュノー**」が有名である。

　ラスコーなど洞窟遺跡が集中するドルドーニュ県の森から、ドルドーニュ川とガロンヌ川がジロンド川に合流する丘陵地帯へ出ると、見渡す限りのブドウ畑が広がっている。アキテーヌの名産は、いうまでもなくボルドーをはじめとする西南地方のワインと、それによく合うフォワグラとトリュフ、そして鴨料理である。

高台の要塞都市ドムからのドルドーニュ川眺望。この川はフランスでも有数の長さがある。

Bordeaux ボルドー

　パリからTGVで3時間。アキテーヌ地方圏とジロンド県の首都ボルドーは、くの字型に湾曲したガロンヌ川の河港の街で、この形から「月の港」と呼ばれている。

　前3世紀にケルト系の人びとが築いた町は、前1世紀、ローマの属州アクイタニアの重要な港となり、周辺で盛んに生産されたワインが輸出されていたという。中心街の北に、3世紀ガロ・ローマ期の円形劇場跡が遺されている。

　12〜16世紀の**サン・タンドレ大聖堂**(→p.39)と、高さ114mの鐘楼を持つ**サン・ミシェル聖堂**(14〜16世紀)は、サンチャゴ・デ・コンポステラへの巡礼路教会としてユネスコ世界遺産に指定されている。

　中世以来の路地が残る一画に、13世紀

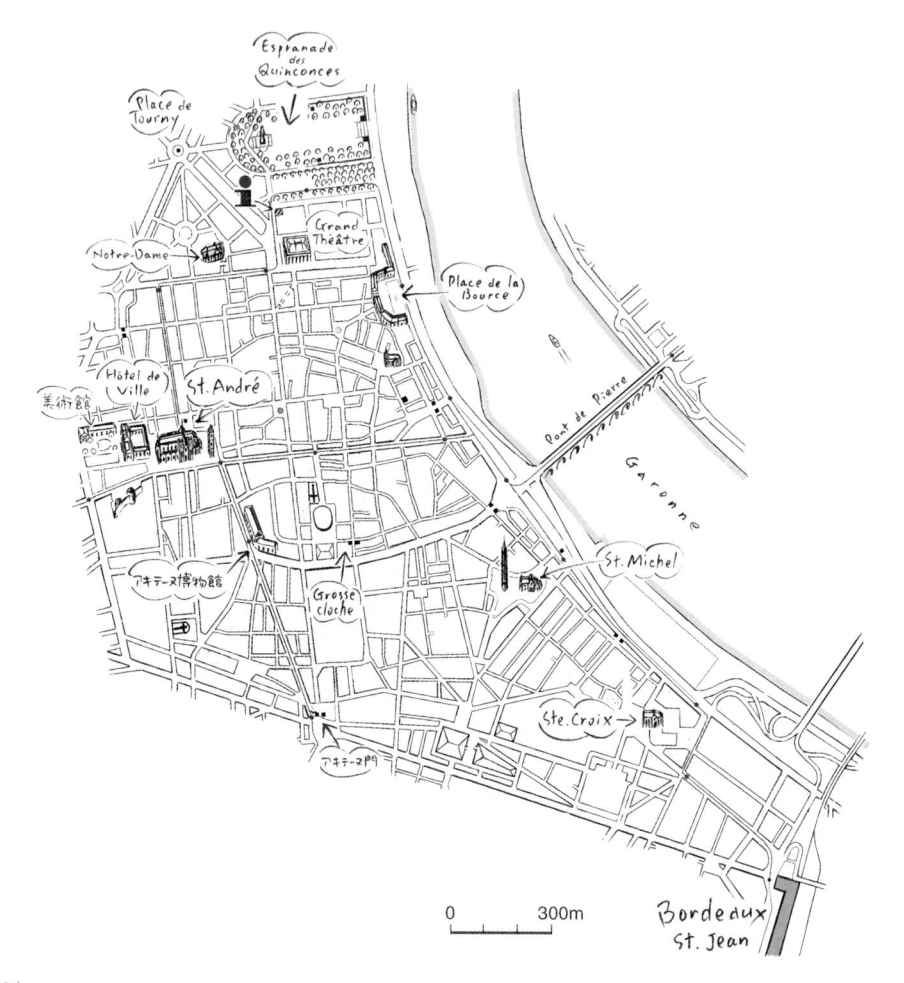

に市壁の門を造り替えた**グロス・クロシュ**（大鐘楼）と呼ばれる門がある。門のすぐ北に、1580年にモンテーニュの『随想録』を出版したという家が残っている。

　17世紀後半から植民地貿易で急速な経済成長を遂げたボルドーは、18世紀、啓蒙時代の地方長官たちによって大規模な都市改造が行われた。このときに造られた旧市街が、「**月の港ボルドー**」の名でユネスコ世界遺産に指定されている。

　この都市改造の象徴が、**ブルス広場**（旧国王広場）だ。河岸に面して並ぶ壮麗な建物群は、1730年～55年にかけて造られた典型的なバロック建築である。発案は18世紀初頭の地方長官ブーシェ、設計はルイ15世の筆頭建築家ジャック・アンジュ・ガブリエル。ヴェルサイユのプチ・トリアノンやパリのコンコルド広場の設計者である。

　さらに北の河岸を臨む**エスプラナッド・デ・カンコンス**は、19世紀初めに造られている。12万6000㎡という、とてつもない広さの広場には、高さ50mのジロンド派記念碑や、ボルドー出身のモンテーニュとモンテスキューの彫像が立っている。

　パルテノン神殿を模した**グラン・テアトル**（大劇場）は、18世紀後半、ギュイエンヌ（当時の地方名）地方総督だったリシュリュー公の主導で建設されたもの。

グロス・クロシュ。鐘の下の時計は18世紀。

　この劇場が建つコメディ広場から、西北に伸びる幅広い並木道トゥルニー大通りは18世紀半ばに開通。トゥルニーはブーシェを継いで都市改造を推進した地方長官である。

　旧市街南の**アキテーヌ門**や**ピエール橋**たもとの**ビル・アケム門**などの壮麗な門は、かつての市壁の城門を造り替えたもの。

　長さがほぼ500mもあるピエール（石）橋（→p.16）は、ナポレオンの命で1810～22年に建造されている。

　大聖堂脇に建つ**市庁舎**は、18世紀末に大司教の館として建てられたが、第一帝政期にはナポレオンの館に使われていた。

　アキテーヌ博物館には、前20000年頃の『ローセルのヴィーナス』をはじめとする考古学資料と、かつてのワイン醸造などの民俗資料が展示されている。

グラン・テアトル

Saint-Emilion サン・テミリオン

　サン・テミリオンは、ブドウ畑の広がる丘の、城壁で囲まれた中世の町である。

　8世紀にこの村の洞穴に住んだ修道士エミリオンと、その意志を継いだ修道院の修道士たちがワイン生産に励み、小さな村を発展させた。いたるところワイン一色の今の街は、ワイン詣での人であふれている。

　石積の壁と岩山とが一体化した家々を迷路のような階段と坂道が結んでいる。地下には延長12kmものトンネルがあり、その大半がワイン倉となっている。

　15世紀以来のこの街の中心、小さなマルシェ広場に面して、高さ133mの尖塔がそびえている。9～12世紀に、岩山を掘り込んで造られた**地下聖堂モノリト**(巨大な岩)**教会の塔**である。

　丘の上の**考古学博物館**は15世紀の館で、**修道院教会**と**回廊**は14～15世紀のもの。

　街の南の高台に、12～13世紀の城の**ドンジョン**(天守塔)がある。ルイ8世あるいはイギリス王ヘンリ3世、どちらかの命令で築かれたという要塞で、壁の厚さは2.5m。16世紀末から18世紀初頭までは町役場に使われていた。

　周辺の七つの村とブドウ畑を含めた地域が、ユネスコ世界遺産に指定されている。

　ボルドーからサルラ方面行きのローカル線(ter)で約50分。

王の城のドンジョンから。斜面に並ぶ家並の向こうに、はてしなく続くブドウの丘。

場所の魅力 ①

ボルドー・ワイン

ジロンド県産のボルドー・ワインは、いわば世界のワインの規範であり、目標である

　フランスの地にワインが伝えられたのは、ギリシャ人が現在のマルセイユに植民市を建設した前600年頃といわれる。

　ガロ・ローマ期に、ローマ人がブドウ栽培と醸造を全土に広げ、なかでもボルドーのワインは良質で、ローマ人に好評だったため、とりわけ繁栄したという。

　その後、ローマの滅亡で衰退したワイン生産を支えたのは、各地の教会や修道院だった。ワインをキリストの血として聖餐に用いるため、ブドウ栽培とワイン造りの作業は不可欠だったのである。

　1152年、ボルドーで、アキテーヌ公国の女公アリエノールがアンジュ伯アンリと結婚。2年後にアンリがイギリス王ヘンリ2世となる。その結果、公国の都ボルドーから、大量の赤ワインがイギリスへ送られることになりブドウ栽培地域も拡大、ボルドー・ワインは大きく発展した。

　百年戦争の終結で、イギリスとの交易が激減するが、対外貿易が発展した17世紀になると、オランダ向けのワイン輸出で再び息を吹き返す。オランダ商館が並んだガロンヌ左岸・シャルトロン河岸には、今もワイン蔵や輸出業者が多い。

　革命後、ブドウ畑が小作人だった農民に小分けに分配された。しかし、ボルドーでは資本力のある家が畑を買い上げて、大きな単位にまとめていった。

　ブルゴーニュの赤ワインが、細分化された畑ごとに格付けされているのに対して、ボルドーでは、テロワールと呼ばれる地域ごとの「クリュ・クラッセ」の格付けが17～18世紀以来の伝統となっている。

　また、1855年のパリ万国博のときに優良シャトー58（現在は61）を5段階に分類した「メドック格付け」は、今もボルドー・ブランドの権威の象徴となっている。

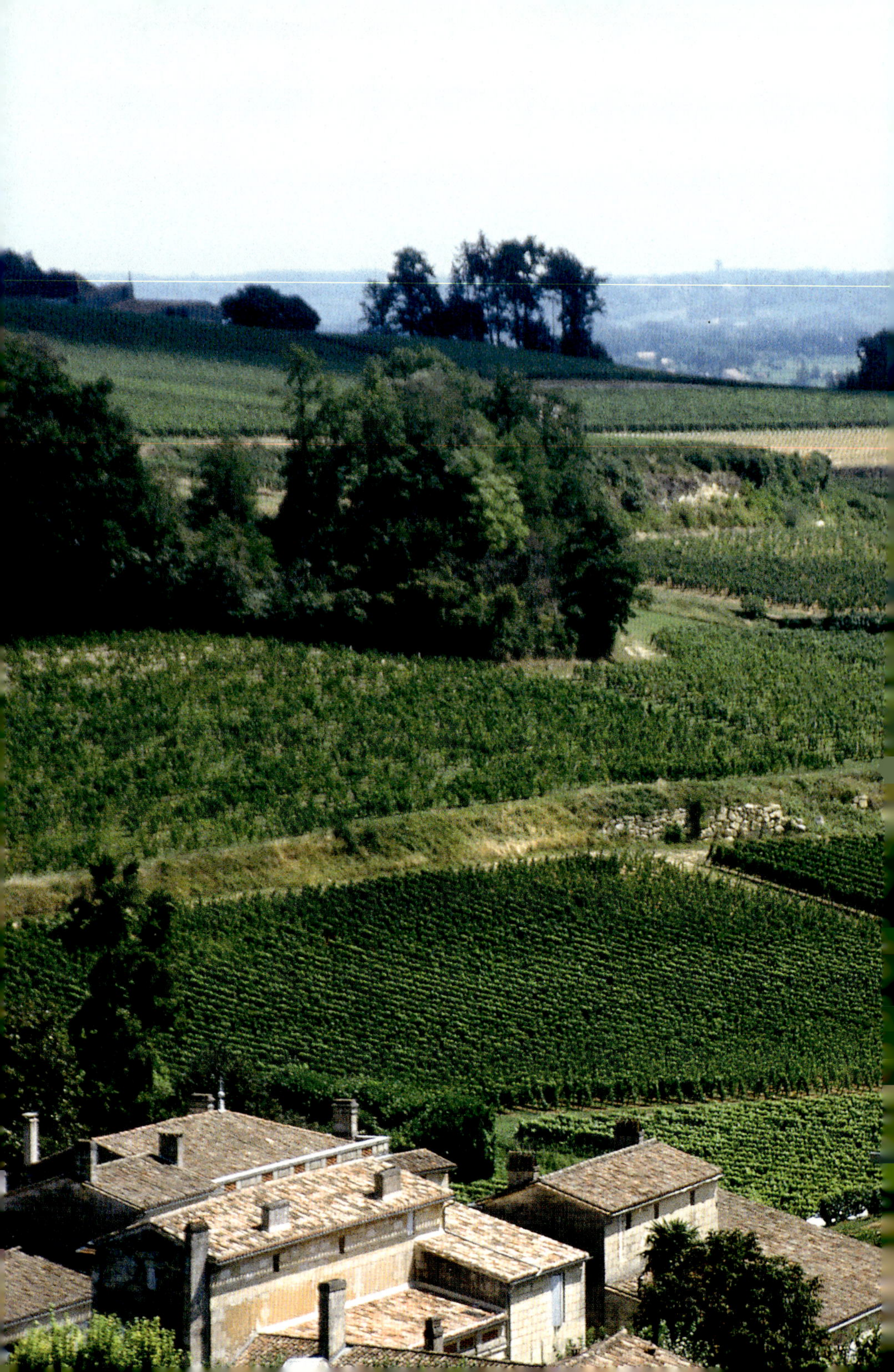

サン・テミリオンのブドウ畑

Le Pays Basque バスク地方の街

　ピレネの西部、大西洋側に、古くからバスク人が居住する地域がバスク地方である。バスクは、民族の起源も言語も系統不明できわめて特異なものだという。9世紀から18世紀の初めまで続いたバスクの国ナヴァール王国は、スペインとフランスに分断されて消滅した。バスクの大部分はスペイン側で、低い緑の山々と美しい海岸のピレネ・ザトランティク県西部が、現在のフランス側バスク地方である。

Bayonne バイヨンヌ

　パリからTGVで4時間40分。ボルドーからは1時間40分。バスク地方の中心都市バイヨンヌは、バスク語で川を意味するその名のとおりの水辺の街である。アドゥール川と支流のニーヴ川が流れる旧市街には、白壁に赤い木組みの家が残り、**ヴォーバンの市壁**で囲まれている。

　サント・マリ大聖堂は、13～14世紀のゴシック建築で、サンチャゴ・デ・コンポステラへの巡礼路教会としてユネスコ世界遺産に指定されている。

　16世紀の典型的なバスクの家が**バスク博物館**になっている、バスクの歴史資料から、ベレー帽や真赤なロングスカートの民族衣装、調理道具や船まで、バスクの伝統文化、習慣のすべてが展示されている。バスク独自の球技ペロタの展示も楽しい。

　この町の名物は、ジャンボン・ド・バイヨンヌ(生ハム)とチョコレート。8月初めの**バイヨンヌ祭り**は、牛追いと参加者が赤白の衣装で集うことで知られている。

川岸に16～18世紀の建物が並ぶバイヨンヌの街

ビアリッツの海岸とヴィラ・ウージェニー

ポーはバイヨンヌやダックスから1時間

サン・ジャン・ド・リュズ

Biarritz ビアリッツ

　バイヨンヌから南へ列車で10分。ビアリッツは、19世紀まで捕鯨中心の小漁村だった。19世紀の第二帝政時代に、ナポレオン3世が皇后のための別荘を海辺に建てたのをきっかけにリゾート開発が進み、パリをはじめヨーロッパ中の上流階級の人びとの別荘地となった。現在、皇后の別荘「**ヴィラ・ウージェニー**」は高級ホテルとなり、海岸沿いには、英国風やロシア風の屋敷から、アール・ヌーヴォー、アール・デコ……と、19世紀末から20世紀前半に建てられたさまざまな様式の別荘が建ち並び、まるで近代住宅建築博物館の様相である。

St.Jean de Luz サン・ジャン・ド・リュズ

　ビアリッツからさらに南へ15分、11世紀ごろ既に鯨漁で栄えていたこの町は、今もマグロ漁中心の漁港である。車の入らない小さな通りに、赤や緑に塗られた木組の見えるバスクの家が並んでいる。

　伝統的なバスク風の祭壇と回廊を持つ14〜15世紀建造の**サン・ジャン・バティスト教会**は、1660年に、ルイ14世がスペイン王女マリ・テレーズとの結婚式を挙げたところ。漁船が停泊する波止場に面して、式前のルイ14世が滞在した館や、マリ・テレーズがいた館も遺っている。

　駅前から出るバスでサン・テニヤス峠まで行くと、国境の展望台ラ・リュヌの山頂への登山電車がある。羊が草を食みバスクの家が点在する緑の斜面とピレネの山並、そして大西洋の海原が一望できる。

Pau ポー

　ピレネ・ザトランティクの県庁があるポーは、バスクに隣接するベアルン地方に属するピレネ山麓の城下町である。

　ガーヴ・ド・ポー（ポー川の急流）と呼ばれる渓谷の上に築かれた12世紀の**要塞城**は、16世紀初めに優雅なルネサンス様式に改築されている。1559年にここで、ブルボン朝の始祖アンリ4世が生まれている。

　城から城壁沿いにピレネの山並を望む大通りを行くと、英国庭園の**ボーモン公園**に着く。ポーには19世紀に、温暖な気候に惹かれたイギリス人が大勢移住してきた。

La vallée de la Vézère ヴェゼール渓谷

　ドルドーニュ県は、一般的に旧名のペリゴールのほうが使われている。このペリゴール地方の東部、美しい緑の丘を縫うように流れるヴェゼール川の流域は、石灰質の地層が露出した崖に旧石器時代の遺跡が点在する「先史時代の渓谷」である。

　1864年にレ・ゼジの近くで、マンモスの姿が刻まれた化石や、多くの石器と骨角器が見つかり、68年には現生人類に近いクロマニョン人の骨が発見された。

　その後、レ・ゼジからモンティニャックにかけてのおよそ20kmの範囲の白亜紀の地層からは、約150もの旧石器遺跡と、クロマニョン人が描いた25カ所の装飾洞窟が発見されている。これらのうち、有名な**ラスコー洞窟**をはじめとする八つの装飾洞窟と、七つの地層遺跡が**「ヴェゼール渓谷の先史的景観と装飾洞窟群」**として、ユネスコ世界遺産に指定されている。

　土産物屋やレストランが並ぶ、いかにも地方の観光地然としたレ・ゼジの大通り沿いの崖の上に、13世紀の城の廃墟を利用した**国立先史博物館**がある。ここでは前3万5000年頃に滅んだネアンデルタール人と、その後出現したクロマニョン人の生活を具体的に展示している。

　博物館近くの崖には、**アブリ・パトー遺跡**や、クロマニョン人が発見された**アブリ・ド・クロマニョン洞窟**があり、村の周辺にも多くの遺跡が散在している。

　ヴェゼール川の対岸に渡り北へ進むと、岩の窪みに1m余もある数尾の鮭の姿が刻

ヴェゼール川。レ・ゼジの家並と遺跡の崖。

まれた**アブリ・ド・ポワッソン**があり、さらに北の渓谷沿いには、燧石器(すいせき)や骨角器と生活の跡が発見された**ロジュリー・バス**と**ロジュリー・オート洞窟**が続いている。

　村の東の谷間の、高い崖下に入口がある**フォン・ド・ゴーム洞窟**は、200点以上もの野牛や馬、サイ、トナカイ、オオカミなどが、120mほどの長さにわたって生き生きと描かれた装飾洞窟である。

　ラスコーに並ぶこの貴重な彩色壁画は、事前予約した少人数に制限されてはいるが、今も公開されている。

　1940年にモンティニャック村の少年たちによって発見されたラスコー洞窟は、村から2kmほど離れた小高い丘にある。

　保存のために閉鎖された洞窟の近くに、1万5000年前にクロマニョン人が描いたのと同じ方法で再現された、精巧な複製洞窟「**ラスコーⅡ**」が公開されている(→p.21)。

　複製とはいえ、真っ暗な空間に浮かび上がる、動物たち……疾走する馬や鹿、矢を刺された野牛、山羊、鴨、……そして人間たちの姿は、息をのむほどに感動的である。

　原始の自然が保たれているペリゴール地方は、公共交通でのアクセスはかなり不便だが幸いレ・ゼジにはSNCFの駅がある。ペリグーからアジャン行きの列車で35分。ボルドーからはサルラ行きでル・ビュイソンまで2時間20分、ペリグー行きに乗り換えてレ・ゼジ・ド・タイヤック駅まで15分。

　モンティニャックの最寄り駅は、10kmほど北のコンダ・ル・ラルダン。この駅、あるいはレ・ゼジかサルラからタクシーでモンティニャックへ10～20分。

　入場制限のあるラスコーⅡの入場券は、毎朝モンティニャックの観光案内所で発売されるので、朝の到着が無理な場合は一泊しなければならない。

フォン・ド・ゴーム洞窟はレ・ゼジの村から1km

Périgueux ペリグー

ペリグーはトリュフとフォワグラの街

ドルドーニュの県庁所在地ペリグーは、ガロ・ローマ期以来の歴史をもつペリゴール地方の古都である。

駅から800mほど東のフランシュヴィル広場の西側に、ローマの遺跡群がある。今は痕跡が残るだけの**アレーヌ**(闘技場)は、3世紀に取り壊され、石は市壁や建物に使われてしまった。高さ20mの**ヴェゾン塔**は、ローマ神殿の一部だった。**ノルマンド門**は9世紀に侵入してきたヴァイキングの防衛に使われ、以来、この名で呼ばれている。12世紀のロマネスク建築**サン・テチエンヌ・ド・ラ・シテ教会**は、ローマ聖堂の上に築かれたという。

フランシュヴィル広場の東側がペリグーの旧市街。イゼール川との間の入り組んだ細道に、15~16世紀の建物が並んでいる。**サン・フロン大聖堂**は、ドングリ状の円屋根から、何本もの塔がツクシのように伸びたビザンチン風の大伽藍である。

パリ・オステルリッツ駅からリモージュ経由の急行で、約4時間40分。ボルドーからブリーヴ行きで約1時間30分。

19世紀に改築されたサン・フロン大聖堂。ユネスコ世界遺産の巡礼路教会である

Sarlat-La-Canéda サルラ・ラ・カネダ

　合流するドルドーニュ川とヴェゼール川に挟まれた三角形の森林地帯は、柏、栗、クルミ、松などの樹木で覆われ、ペリゴール・ノワール（黒いペリゴール）と呼ばれている。小さな美しい町サルラ・ラ・カネダは、このペリゴール・ノワールの産物であるトリュフ、フォワグラ、クルミの集積地として知られている。

　旧市街の南北の入口にある広場を結んで、**レピュブリク通り**がまっすぐに貫いている。19世紀に造られた長さ400mほどのこの通り沿いを除いて、かつての市壁の内側は、17世紀以降ほとんど手が加えられていない姿で保護されている。

　レピュブリク通りの西側は、古くから庶民的な地区で、17世紀の僧院がHLM（公共住宅）に転用されている。16世紀の市壁や門は、おもに西側部分に遺されている。

　レピュブリク通り東側には、14〜17世紀に建てられた貴族や大商人の館が建ち並んでいる。ペイルー広場には、16〜17世紀の**サン・サセルド大聖堂**、ルネサンス様式の**旧司教館**、そして16世紀初めに建てられた、人文主義の作家でモンテーニュの友人だった**ラ・ボエシーの生家**がある。

　ガチョウの競売市が開かれるオワ（ガチョウ）広場と、朝市の出る市庁舎前のリベルテ広場も、石の黄土色が印象的な古い家が並んでいる。夏には、この静かな中世の街も観光客であふれてしまう。

　ボルドーからサルラ行きで約2時間50分。スイヤックからSNCFのバスで40分。

ランドリー通りなどの裏道は、静かな16〜17世紀の世界

Domme ドム

サルラから10kmほど南、ドルドーニュ川の畔の崖っぷちにあるドムは、1282年に勇敢王フィリップ3世が築いた、**バスチッド**と呼ばれる要塞都市である。

ドルドーニュの水面から150mの高さの切り立った崖の北側を除いて、街は分厚い市壁で完全に囲まれている。南下がりの斜面の下のほう3カ所にある市門が、この要塞都市の出入り口になっている。

矩形の街区には、フィリップ3世の時代に**貨幣の鋳造所**だった家など、堅固な建物が中世そのままの姿で並んでいる。

1307年には駐留していた**タンプル騎士団**の一斉逮捕、14世紀半ばの百年戦争ではイギリス軍が占領、16世紀末の宗教戦争では崖をよじ登って来たプロテスタント軍に占拠され、さらに農民反乱の拠点となるなど、ドムは歴史の波に洗われて来た。

都市といっても人口1000人の村である

今のドムは、崖からの素晴らしい展望と、全国で約150の村が選ばれている「フランスで最も美しい村」のひとつとして人気を集めている。サルラ・ラ・カネダがいちばん近いSNCFの駅。バスはない。

17世紀の市場。戦争のときは住民の待避壕となった地下鍾乳洞の入口がある。

場所の魅力 ②

自治要塞都市バスチッド

ドムのトゥール門。近くのモンパジエも「美しい村」指定のバスチッド。

　中世のフランス、とくに西南地方を中心に造られた要塞都市をバスチッドという。
　当時の西南地方は、農業と流通の発展に伴う急激な人口増加と、英仏の対立による戦争とに対処するために、原野や森の開墾と、新しい集落(ヴィル・ヌーヴ)の開発が必要だった。バスチッドは、アキテーヌとミディ・ピレネを中心に300近くもあるが、そのほとんどが13世紀半ばから14世紀半ばの100年間に造られている。
　バスチッド開発を始めたのは、アルビジョワ派が制圧されたのちの1222年に、コルドを建設したトゥールーズ伯である。
　その後13世紀後半からは、西南地方の主に西北部はイギリス王、南東部はフランス王が、競ってバスチッド建設を進めた。
　例えばドルドーニュ県に18あるバスチッドのうち、トゥールーズ伯が開設したものは3カ所、フランス王家がドムなど4カ所、モンパジエなど残りの11はアキテーヌ公=イギリス王が建設したものだった。
　バスチッドの規模や形は、年代や地形によってさまざまだが、升目状に整然と設計された街区が、分厚い市壁で囲まれたものが一般的である。コルドやカルカソンヌ(下の町)のように大きな町もあるが、大半はドムのような村落である。
　街の中心には泉や噴水のある広場が設けられ、広場に面して、町の行政や裁判などに使われた建物と、市場などの商業施設が並んでいる。これらの建物はたいてい、アーチ型のアーケードをもっている。
　住戸が機能的に配置され、外部から隔絶していたバスチッドでは、王や領主の許可のもとで、農作業から生産物の販売、町の行政、税の徴収、裁判まで、住民の自治的な運営が行われていた。市民と共同体=コミューンの始まりである。

LIMOUSIN et AUVERGNE
リムーザンとオーヴェルニュ

アリエ川近くの小さな村メイエ

　高原と山の緑につつまれたリムーザンとオーヴェルニュの二つの地方は、最近まで陸の孤島といわれていた。それだけに、ロマネスクの教会や古い民家、手工芸などの伝統が今もそのままの姿で遺されている。
　リムーザン地方は温暖で穏やかな気候だが、東寄りの高地とオーヴェルニュ地方の冬は、雪に覆われ厳しい寒さになる。

リムーザンには、それぞれを流れる川の名の3県がある。オート・ヴィエンヌ県は陶磁器の町リモージュで知られ、クルーズ県とコレーズ県は森と湖の景勝地である。

　オーヴェルニュは、その大部分をマシフ・サントラル（中央山地）が占める山国だが、北部のアリエ県は、ブルボネ地方と呼ばれるフランスの地理的中心に位置する比較的平坦な地形。第二次世界大戦中にペタン政府が置かれたヴィシーがある。

　ピュイ・ド・ドームは、オーヴェルニュの中心都市クレルモン・フェランの西にそびえる火山の名である。標高はそう高くないが、阿蘇や浅間に似た雄大な裾野をもつ姿から聖なる山とされ、そのまま県名になっている。ヴォルヴィックやサン・ヨールなどの水源もこの県にある。

　カンタル県も、いくつもの深い渓谷を持つ火山地帯。そんな渓谷にかかる**ガラビの**

メイエ。オーヴェルニュはロマネスクの宝庫。

鉄橋は、エッフェルの設計で1885年に完成したアーチ高架橋である。

　オート・ロワール県は、その大部分が森で覆われている。県都ル・ピュイ・アン・ヴレは、突き出た岩山に造られたロマネスク教会の奇観で知られている。

　パリのカフェの大半はオーヴェルニュ人が始めたといわれているが、この人たちは、現在のミディ・ピレネ地方アヴェロンの出身者だったようである。

リムーザン、オーヴェルニュの主要産業は肉牛を中心とする牧畜である

Limoges リモージュ

　パリ・オステルリッツ駅から約3時間。**リモージュ・ベネディクタン駅**は、1920年代の壮麗なアール・デコ建築である。
　駅から500mほどのジュールダン広場先の観光案内所で、市内地図をもらう。迷路のような街で地図なしには歩けない。
　サン・テチエンヌ大聖堂を中心とするヴィエンヌ川寄りの地区は**ラ・シテ**と呼ばれている。12～16世紀の大聖堂は、フランボワイヤン・ゴシック様式の北側扉口が見どころ。川を見下ろす庭園内の**市立美術館**（旧司教館）には、中世以来の伝統をもつエマイユ（七宝焼）のコレクションがある。
　西側のシャトー地区は、リモージュ公の居城があった地域で、15～18世紀の肉屋だった家が並ぶ**ブシュリー**（肉屋）**通り**を初め、木組の古い家が集まっている。
　市場の建物は、1878年のパリ万国博の機械館を移築したもの。牧畜と精肉の場面が描かれた軒飾りの磁器タイルが珍しい。
　アドリアン・デュブシェ美術館には、世界の陶磁器の名品1万2000点がある。
　シャトー地区北側の**旧裁判所**の建物は、チュルゴが、地方長官として13年間を過ごした場所である。

国立アドリアン・デュブシェ美術館

ブシュリー通り

磁器タイルで飾られた旧食肉冷凍倉庫「ル・ヴェルデュリエ」は1919年の建築

場所の魅力 ③

チュルゴとリモージュの磁器

　リモージュ磁器は、透明感のある白い質感と華麗な絵付けで知られている。中世からエマイユ(七宝焼)の伝統があったリモージュだが、18世紀に磁器の生産を始めたのは財務総監になる前のチュルゴだった。

　1761年にリモージュの地方長官に赴任したチュルゴは、貧困なこの地方の産業振興に取り組んでいた。1768年に、リモージュの35km南のサン・ティリエ・ラ・ペルシュで、白い陶土カオリンの鉱脈が発見され、それまでフランスでは不可能だった硬質磁器が作られるようになった。この土はセーヴルの王立窯などへ運ばれていたが、リモージュでの磁器生産を推進しようとしたチュルゴの主導で、1771年にリモージュ磁器製作所が発足したのである。

　現在リモージュ周辺にはおよそ190の磁器製造業者がある。余談だが、1944年に644人の村民がナチスに虐殺されたオラドールも磁器工場のある村である。

市内には磁器専門店が軒を並べている

Clermont-Ferrand クレルモン・フェラン

オーヴェルニュの都クレルモン・フェランは、「黒い街」である。建物に使われている近郊ヴォルヴィックの安山岩のせいで街全体が黒ずんで見えるのだ。

この町は、ガリアの時代から続くクレルモンと、12世紀の初めにオーヴェルニュ伯爵が新たに造った町モンフェランとが合併してひとつの都市となっている。クレルモンの旧市街は駅から1kmほど西、モンフェランの旧市街は北東3kmのところにある。

クレルモンは、1095年の教会会議で第1回十字軍派遣が決められたところ。

今は、タイヤとガイドブックのミシュランの本拠地として知られている。

旧市街の入口にある**ノートルダム・デュ・**

旧市街の17世紀の家の羊の装飾彫刻

ポール聖堂は、ユネスコ世界遺産指定の巡礼路教会である。交差部に八角形の塔をもつオーヴェルニュのロマネスクの典型で、薄暗い内部の柱頭彫刻が美しい。

クレルモンの中心に黒々とそびえ立つ**ノートルダム・ド・ラサンプシオン大聖堂**は、13から14世紀のゴシック建築で、尖塔は19世紀に加えられている。外観に比べ、ステンドグラスの光にあふれた内部は明るく典雅な空間が広がる。塔の上から、ピュイ・ド・ドームの雄大な姿が望める。

クレルモンは、パスカルの原理と『パンセ』で著名なパスカルの故郷。中世の彫刻などがある16世紀の館の**ランケ博物館**には、パスカルの計算器なども展示されている。

2009年にミシュランの歴史を展示する**「ミシュランの冒険」**が開館した。人口の10％がミシュラン従業員というこの町のトラムの車輪は、ゴムタイヤである。

このトラムがモンフェラン地区へ伸びている。モンフェランの旧市街は、碁盤の目の落ち着いた街区に、ゴシックやルネサンスの館が並んでいる。

パリ・リヨン駅から約3時間10分。

ノートルダム・ド・ラサンプシオン大聖堂

Thiers ティエール

　ティエールは、クレルモン・フェランの40kmほど北東の渓谷沿いにある、15世紀以来の伝統的な「刃物の町」である。

　市庁舎のあるシャステル広場から南の旧市街には、15～16世紀の木組みの家並が続いている。なかでも、クテルリー（刃物製造）通りの古い家々は、刃物職人の工房ばかり、だった。職人の手作りが成り立たなくなり、今は売家の看板が目立つのが寂しい。通りのなかほどに**刃物博物館**があって、昔からの刃物類を展示し、その先の別館では伝統的な刃物作りをみせている。

　高台の**サン・ジュネ教会**の脇に、トリュフォーの名作『思春期』の撮影場所という掲示がある。子どもたちが坂道を走り回るロケはこの街でおこなわれている。

伝統的なティエールのナイフ

　デュロール渓谷の清流沿いに点在するいくつもの廃屋は、かつての刃物工場である。この建物を改装して現代アートセンターに再生する計画が進んでいる。

　クレルモン・フェランからサン・テチエンヌ行きのローカル線（ter）で約30分。時刻によってバスの場合もある。

近代化されたとはいえ、ティエールには現在も80を超える刃物製造業者がある

Bourbon-l'Archambault ブルボン・ラルシャンボー

アリエ県の県庁所在地ムランから、西へ23kmほど。起伏のある畑や森に囲まれた小さな温泉町が、ブルボン家発祥の地ブルボン・ラルシャンボーである。

ブルボンの語源 Borvoha は、ケルトの温泉の神の名で、ここの温泉はガロ・ローマ期から、神経痛やリウマチに効能があることで知られていた。今も19世紀に建てられた華麗な湯元の温泉施設やカジノがあり、各ホテルにも温泉が引かれ、にぎわっている。といっても、フランスの温泉は療養施設の色合いが濃く、日本のような歓楽的な温泉街の雰囲気はまったくない。

高台にそびえる**城**は、14世紀にブルボン公ルイ2世が築いたもの。15の塔があった城塞は革命で破壊され、今は北側に三

のどかで穏やかな温泉城下町

つの塔だけが遺されている。塔の内部に中世の城のようすが再現されている。

塔の上に出ると、白鳥の池と羊の群れの丘という穏やかな風景が広がっている。

パリ・リヨン駅からクレルモン・フェラン方面行きで、ムラン（Moulins）まで約2時間30分。ムランからバスで40分。

垣根や木立の囲い（ボカージュ）がブルボネ地方の特徴である

Vichy ヴィシー

　アリエ県の南端に位置するヴィシーも、ガロ・ローマ時代からの温泉町で、リウマチ、胃腸病、糖尿病などの療養やエステのために訪れる人びとが集まる保養地である。

　17〜18世紀、上流階級にもてはやされたヴィシーは、19世紀後半から20世紀初めにかけて絶頂期を迎える。

　ナポレオン1世が造った**スルス**(水源・湯元)**公園**は、1900年に造られた屋根付きの優雅な遊歩道で囲まれている。ドーム屋根の温泉センター、数種の水を一堂に集めた明るいガラス屋根のホール、カジノとオペラ劇場など、ヴィシーの代表的な施設の大半は、この時期に建てられたものだ。

　公園に面して並ぶ豪華ホテルの背後には、ナポレオン3世の山荘風の館をはじめ、

観光案内所はペタン政府が使った元ホテルに

様々なスタイルの別荘が並んでいる。

　ヴィシーといえば、ドイツ占領下の第二次世界大戦中に**ヴィシー政府**(→p.80,81)が置かれた町。カジノ・オペラ劇場は議会に、ホテル群が政権の官庁に使われていた。ペタン元帥が住んだ家も遺されている。

　パリ・リヨン駅から約3時間30分。

温泉センター。ヴィシーの温泉は、42.5℃から21℃まで5種類の水が湧出している。

Issoire イソワール

クレルモン・フェランから南へ35kmほど、イソワールは、航空機の部品や、フランスの代表的バイクVOXIN（ヴォクサン）の製造で知られる金属工業の盛んな町である。

旧市街には、12世紀半ばに建造された、オーヴェルニュのロマネスクで最大規模の**サン・オストルモワーヌ修道院教会**がある。

この教会は、1575年にプロテスタント軍に破壊され、さらに革命でも鐘楼や正面が壊され、19世紀に修復されている。

柱頭彫刻はキリスト復活をテーマにした名作

星座の浮き彫りなどの装飾が楽しい後陣は、オーヴェルニュの教会特有の構造で、大きな半円状の内陣の屋根と、その外側の祭室の小さな半円屋根が組み合わされ、その重量感とバランスが美しい。

教会周辺の旧市街には、**時計塔**や**アーケードをもつ家**など、15世紀の家並が遺されている。秤の家という、30tまでの錘がある公共計量場だった12世紀の建物が**鉱物博物館**。旧教会参事会室の建物は**ロマネスク美術センター**になっている。

クレルモン・フェランから、ニーム方面行き、またはオーリヤック行きで約30分。

後陣の軒下には、四角やひし形のモザイク模様が帯状に施されている

Brioude ブリウッド

　ブリウッドは、オート・ロワールの山々とアリエ川上流の美しい自然に囲まれた、のどかな町である。

　駅から1kmほど南の旧市街に建つ**サン・ジュリアン聖堂**は、11〜13世紀に造られた、奥行き74m15cmというオーヴェルニュ最大のロマネスク教会である。鐘楼の屋根や後陣の壁は、オーヴェルニュ各地の多様な石のモザイク模様で彩られている。

　彩色された内部は、イソワールほど派手ではないが、色違いの石の縞模様の柱に、幻想的でユーモラスな柱頭彫刻がある。

　教会周囲の細道には、赤い瓦屋根と素朴な木組みの家が並んでいる。

　鮭と渓流の家は、鮭や鱒、イワナなど、アリエ川の魚の生態博物館で、**ダンテルの館**はレース編みの博物館。タバコ倉に使われていた16世紀ゴシック様式の木造の家は、18世紀に義賊ルイ・マンドラン一味が襲ったため、**マンドランの家**と呼ばれている。観光案内所のある**司祭館**には、156の異なるモチーフの紋章が描かれた13世紀の天井画が遺されている。

　西北の町外れにある**サン・ジュリアンの泉**は、304年にキリスト教に改宗し逃亡してきたユリアヌス（ジュリアン）が捕まり斬られた首を洗った泉で、多くの奇跡が起こったという伝説の場所。中世のブリウッドが、サンチャゴ・デ・コンポステラへの重要な巡礼中継地だった理由のひとつである。

　クレルモン・フェランから、ニーム方面またはル・ピュイ行きで約45分。

サン・ジュリアン聖堂。濃赤色と黒茶色の玄武岩、灰色やピンクの大理石などが使われている。

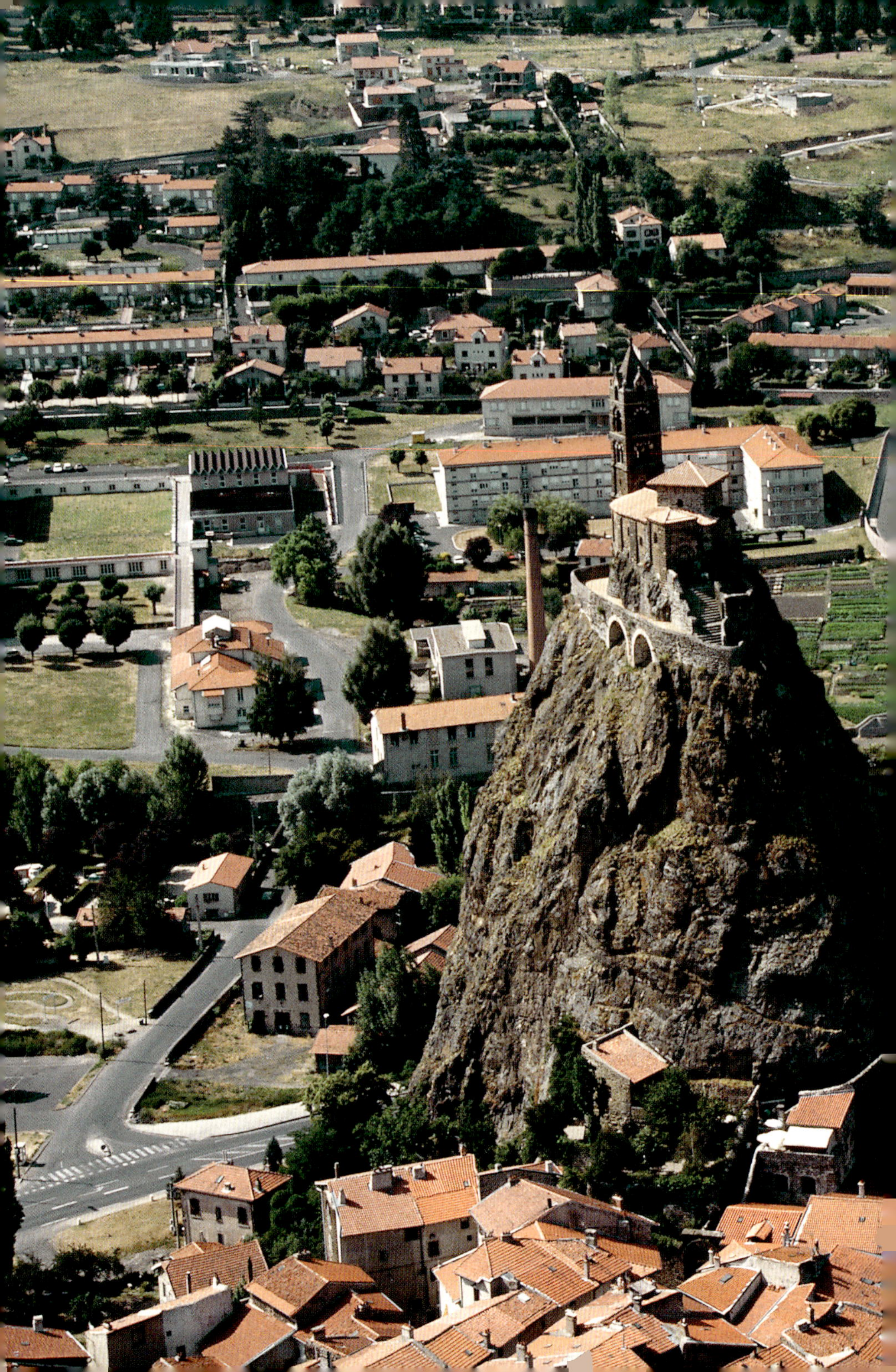

ル・ピュイ・アン・ヴレの奇観

Le Puy-en-Velay ル・ピュイ・アン・ヴレ

　オート・ロワール県の県庁所在地ル・ピュイは、山並に囲まれた盆地にある。

　火山活動で造られた鋭い岩尖の上に、古い礼拝堂や巨大なマリア像が載っている景観に、まず驚かされる。

　駅から大聖堂の丘のふもとを回り込み、観光案内所のある新市街の中心ブルイユ広場へ出る。庭園奥に、地方の出土品や民具、美術工芸を集めた**クロザチエ博物館**がある。レースの店であふれる町らしく、レース刺繍のコレクションが充実している。

　巡礼路教会としてユネスコ世界遺産に登録されている**ノートルダム大聖堂**は、入り組んだ坂道と階段の斜面に13～16世紀の家々が並ぶ、丘の山腹に建っている。5世紀の教会を基に、9、11、12世紀と増築

回廊と身長16mの巨大な聖母子像

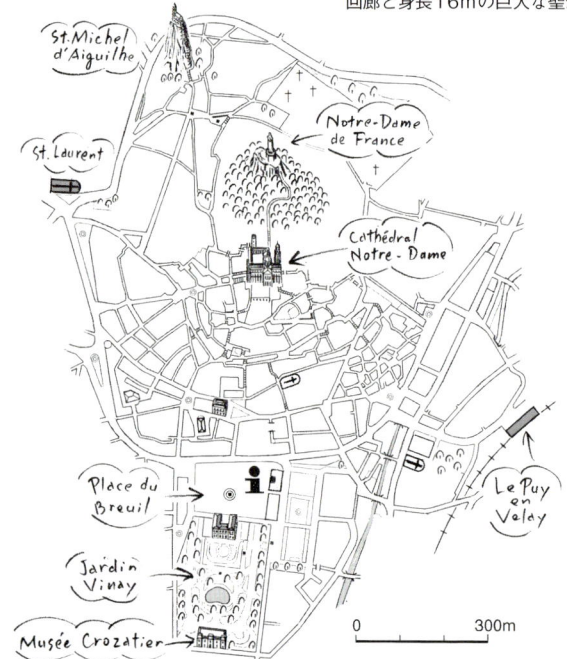

を重ねた複雑な構造の建築である。

ふもとの広場から、土産物屋に挟まれた参道の134段の階段を上る。そそり立つ正面入口の、黒白縞模様のアーチは、イスラームの建築を思わせる。

元はエジプトの女神イシスだったともいわれる黒い聖母像は、革命期に焼失し、今の像は19世紀に復元されたもの。堂内には12世紀の柱頭彫刻や壁画など、見どころが多いが、なかでも11～12世紀に建てられたロマネスク様式の**回廊**が美しい。12～13世紀初頭に描かれた『**磔刑のキリスト**』にも、イスラーム絵画の影響が感じられる。

大聖堂北の標高85mの岩山に巨大な聖母子像が立っている。19世紀に、大砲を溶かして鋳造したという赤い聖母はかなり俗っぽいが、ここからの眺望はすばらしい。

高さ82mの岩山に建つ**サン・ミシェル・デギュイユ礼拝堂**は、10世紀末にル・ピュイの司教が、サンチャゴ・デ・コンポステラに巡礼した記念に建てたもの。以来ル・ピュイは、巡礼の起点のひとつとなった。

268段の階段を上ってたどり着く礼拝堂は、クローバー型と赤白黒のアーチや唐草模様など、イスラーム的意匠の建物である。

パリ・リヨン駅からリヨン経由のTGVでサン・テチエンヌまで、約2時間50分。ル・ピュイ・アン・ヴレ行きに乗り換えて約1時間20分。

膝にキリストを抱いた黒い聖母

ル・ピュイの大聖堂。12世紀に造られた鐘楼の高さは56m。

MIDI-PYRENEES
ミディ・ピレネ

　大西洋と地中海の中間、そして中央山地の南西部から、ピレネ山脈までを含む地方圏がミディ・ピレネだ。ガロンヌ川が、ピレネから広い平野に出て、大西洋へと向きを変える場所にあるトゥールーズが、地方圏とオート・ガロンヌ県の都である。

　アルビに県庁があるタルン県は、かつてのアルビジョワ地方である。

　タルン・エ・ガロンヌ県の都モントーバンは、画家アングルの出身地。旧司教館が美術館になっている。

　アヴェロン県は中央山地の山国である。パリのカフェは、オーヴェルニュの人びとが始めた炭屋がその起源だといわれている。ところがそのカフェの大半を、じつはアヴェロン出身者が占めている。アヴェロ

カオールは、岩肌が露出する丘を縫うように流れるロート川に囲まれている

ンの人びとは自分たちをオーヴェルニュ人だと思っているのである。

ロート県の都はカオール。グールドンなどいくつもの要塞都市バスチッドがある。

ジェール県にも多くのバスチッドの村が点在している。17〜18世紀の美しい家並の町コンドムには、ジェール名産ブランデーの**アルマニャックの博物館**がある。

オート・ピレネ県は、スペイン国境に連なる3000m級の山々と渓谷の自然につつまれている。19世紀半ばに聖母の姿を見たという14歳の少女の「奇跡」で名高い**ルルド**は、泉の水を求める年間400万を超える人びとでにぎわう「聖地」である。

渓谷沿いの中世都市フォワに県庁を置くアリエージュ県では、**ピレネ山麓の洞窟群**から、先史時代の壁画、トナカイの角の装飾、粘土人形などが発見されている。

グールドンの朝市の生フォワグラの屋台

アルビ旧市街、レンガと木組の中世の家

Moissac モワサック

モワサックはガロンヌ川の畔の小さな町で、タルン川とガロンヌ川一帯で生産される果物の集積地である。

駅から東へ700mほど、ひなびた町の中心の線路際に、11〜12世紀初めにクリュニー派が建てたユネスコ世界遺産の巡礼路教会**サン・ピエール修道院教会**がある。

クリュニー派の理想を表現した荘厳な扉口と、南の陽光にあふれる中庭を囲む**回廊**の彫刻は、コンクなどと並ぶ、フランス・ロマネスク彫刻の最高傑作のひとつである。革命期にはすっかり廃墟化し、回廊は市場や兵舎に流用されるなどしていたが、19世紀に修復された。

正面扉口のタンパンは、ヨハネの黙示録を精緻に表現したもの。扉口の壁や柱も彫刻で覆われている。変化に富んだ柱頭彫刻が見られる回廊は、2本が組になった柱と単独の柱が交互に並んで、イスラーム的な表情を持つアーチを支えている。

パリ・モンパルナス駅から、ボルドー経由トゥールーズ行きTGVで、アジャンまで4時間10分。各駅停車に乗り換えて30分。

サン・ピエール修道院の回廊

サン・ピエール修道院教会正面扉口側壁の彫刻。膝を曲げ受胎告知を聞くマリア（右）が特徴的。

132

Cahors カオール

　ロート県の都カオールは、大きく蛇行するロート川に三方を囲まれ、U字型の半島にあるような町である。周りの丘のむき出しの岩からは荒涼とした印象を受けるが、街はおだやかで美しい小都市である。

　町の西入口にかかる**ヴァラントレ橋**は、14世紀に造られた三つの塔をもつ要塞橋で、この町のシンボルとなっている。

　この橋と、町の東側の歴史地区にある**サン・テチエンヌ大聖堂**(→p.51)は、サンチャゴ・デ・コンポステラ巡礼路の建造物として、ユネスコ世界遺産に登録されている。

　大聖堂の北側入口を飾るタンパンは、12世紀のロマネスク彫刻で、西正面を改装した14世紀に移されたものだ。

　町のやや東寄りを南北に貫くガンベッタ大通りが中心街で、この通りとロート川との間に、古い家並が多い。とくに南のバデルヌ地区は、この町が最も栄えた13世紀に商業地区だったところで、商人や銀行家が住んだ美しい家並が見られる。

　大聖堂の北、カベス橋から眺めると、街の北側に建ついくつもの塔が見える。**ジャン(ヨハネ)12世の塔**は、カオール出身のアヴィニョン教皇が開いた大学の名残だという。5世紀の**サン・ジャンの塔**と**バルバカン**は、街の北端の要塞の外堡である。

　カオールの濃い赤ワインは、ヴァン・ノワール(黒ワイン)と呼ばれ人気がある。

　パリ・オステルリッツ駅から、トゥールーズ行きで、約5時間。トゥールーズからは1時間10分。

悪魔の橋といわれるヴァラントレ橋。塔の高さは水面から40m。

Toulouse トゥールーズ

ジャコバン修道院は、歴史と美術の展覧会場

　パリ、マルセイユ、リヨンにつぐ、フランス第四の都市トゥールーズは、1229年創設のトゥールーズ大学などの学生7万人余がいる学術都市であり、郊外にエアバスのアエロスパシャル本社と組み立て工場がある、航空産業の中心地でもある。
　ガロ・ローマ期から栄えたこの町は、5〜6世紀初頭まで、西ゴート王国の首都となっていた。9世紀からは、トゥールーズ

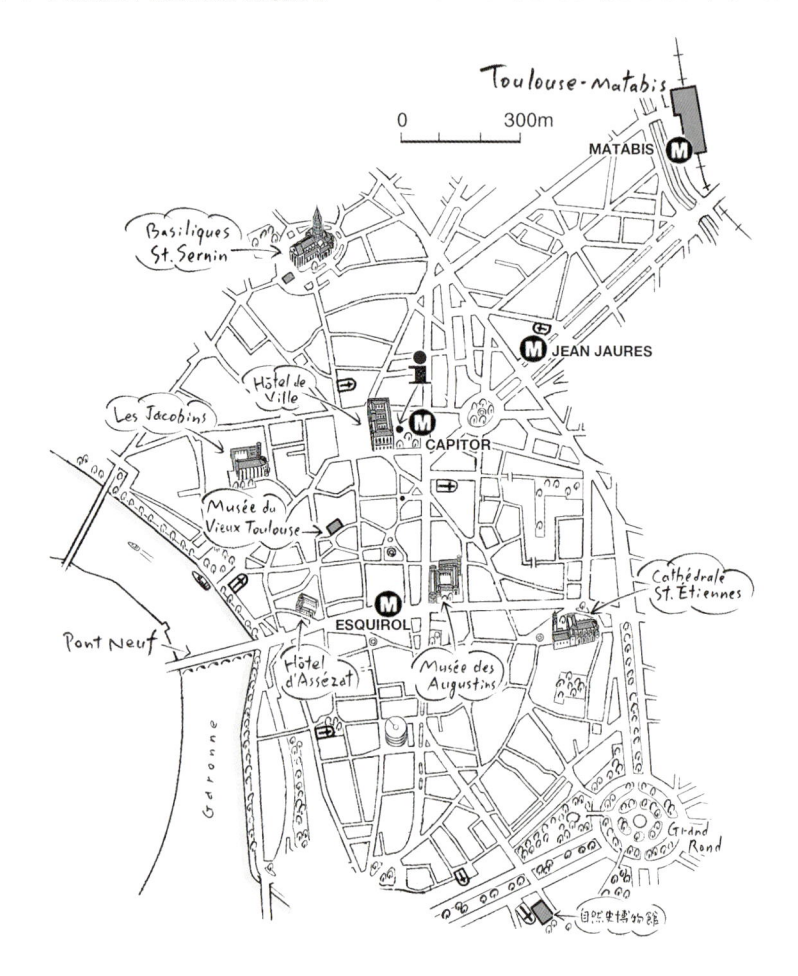

カピトール広場と市庁舎。市庁舎裏の16世紀のカピトール（市参事会）の遺構は観光案内所に。

伯の優雅な宮廷が置かれ王家に対抗していたが、13世紀初頭のアルビジョワ十字軍の勝利で、カタリ派を庇護していたトゥールーズ伯が、王家に服従することになる。

トゥールーズ・マタビス駅からメトロでカピトールへ。ガロンヌ川のピンク色の粘土から作られる赤レンガの建物が建ち並ぶ街は、「**バラ色のトゥールーズ**」と呼ばれている。市庁舎や劇場など、18世紀の壮麗な建築が面した**カピトール広場**は、古都にふさわしい華やかな格調がある。

11～12世紀にベネディクト派修道院の教会として建てられた**サン・セルナン聖堂**は、全長115mという、クリュニーにつぐ規模があり、現存のロマネスク聖堂のなかで最大。この聖堂の形式やタンパンなどの彫刻には、サンチャゴ・デ・コンポステラ聖堂との類似点が多く、おそらくこの聖堂の直接的な影響があったと考えられている。

13～14世紀の**ジャコバン修道院**は、カタリ派の異端審問の中心となったところ。ゴシック様式の礼拝堂の天井は、柱から梁がヤシの木のように伸びている。

オーギュスタン美術館は、14世紀の、美しい回廊を持つ修道院の建物に、絵画や中世の彫像、柱頭彫刻が展示されている。

パリ・モンパルナス駅からトゥールーズ・マタビス駅行きTGVで、約5時間。

ユネスコの世界遺産、サン・セルナン聖堂

ミディ・ピレネ | 135

Albi アルビ

ロートレックの作品は、母親が故郷に寄贈した

大聖堂の200㎡の大壁画「最後の審判」

　タルン県の都アルビは、トゥールーズから東北に70kmほど、タルン川の畔のレンガ色の小都市である。

　駅から旧市街へ入ると、巨大なレンガ造りの**サント・セシル大聖堂**に圧倒される。

　まるで城塞のような姿は、カタリ派の本拠地だったこの町に教皇の権威を誇示するよう。交差廊のない広い空間の建築は、13世紀末から200年かけて造られている。15世紀末の壁画『最後の審判』は、天国、地上、地獄の様子を描いた大壁画である。

　大聖堂の隣の**パレ・ド・ラ・ベルビ**(司教館)は、壁の厚さが7m、高さ50mの**ドンジョン**(天守塔)を持つ、城壁で囲まれた13世紀末の要塞司教館である。

　この司教館が**トゥールーズ・ロートレック美術館**となって、彼の全作品の約6割1000点を展示している。ここの17世紀のフランス庭園から見下ろす、タルン川と**ポン・ヴュー**(古橋)の眺めもすばらしい。

　1035年に造られた町の北の入り口、ポン・ヴューは、ピュイとトゥールーズを結ぶ巡礼路の重要な通過点となり、タルン川の水運が盛んだった15～18世紀には、穀物やガイヤックのワイン、藍、麻、陶器などを売る川舟が集まっていたという。

　15～16世紀に藍染の染料の交易で栄えた街には、商人たちの住んだ、中庭のあるイタリア風の館など、木組とレンガの家並が保全されている。

　トゥールーズ・マタビス駅からロデス行きで、アルビ・ヴィル駅まで、約30分。

アルビの大聖堂は、奥行き113m、幅35m、高さ40m、レンガでは最大の教会建築

Cordes-sur-Ciel コルド・シュル・シエル

コルド・シュル・シエルは、ラピュタではないが天空のコルドの意味。標高320mの丘の上の街である。コルドの名はスペインのコルドバと同じように、13世紀末から盛んだった皮革加工に由来している。

この丘の町は、トゥールーズ伯レモン7世がアルビジョワ十字軍に対抗するため、1222年に築いた要塞都市バスチッドである。初期の要塞が、皮革のほか、布地や藍染料などの生産と取引が増え、しだいにその規模を拡大して、13世紀の末にはおよそ5500人が住む町になっていた。

急な坂道に面した家は、すべて13〜14世紀に造られたもの。丘の頂上を東西に抜けるグラン・リュには、町役場に使われている**グラン・フォコニエ館**や、トゥールーズ伯が狩に訪れた家など、14世紀初めのゴシック様式の大きな館が並んでいる。

屋根付き市場の脇のブリッド広場のテラスで、天空の街からの眺望を楽しめる。

トゥールーズからコルド行き ter で、ヴァンドラク・コルド駅まで、約50分。

駅から町のふもとまでは約5km。

14〜16世紀の時計門

天空の町は、東西500m、南北200mほどの細長い丘にある。現在の人口は1000人に満たない。

Conques コンク

　アヴェロン県北東部の小さな村コンクは、サンチャゴ・デ・コンポステラ巡礼路教会のなかでもとくに重要な、**サント・フォワ修道院教会**で有名。教会と、村のふもとのドゥルドゥ川に架かるガロ・ローマ期の**橋**が、ユネスコ世界遺産になっている。

　深い渓谷の緑の斜面に建つ11〜12世紀の教会の、扉口を飾るタンパン彫刻『最後の審判』は、ロマネスク美術の最高傑作といわれている。キリストを中心に、左側には聖人や善人たちのいる天国を、右側には罪人や悪魔のいる地獄のようすを示している。逆さに吊られ、馬から突き落とされ、怪物に頭をかじられと、思いつく限りの罰に悶える罪人たちの表情が、恐ろしいというより、何ともユーモラスで見飽きない。

コンクの村民は300人ほど

　観光客の去ったあと、細い坂道に木組の家が並ぶ村は、まさに中世の世界である。

　パリ・オステルリッツ駅からブリーヴ経由でロデスまで、約7時間20分。ロデスからバスで1時間30分(パリを朝に出る列車に接続・土日祭は運休)。トゥールーズからはアルビ経由でロデスまで、約2時間。

タンパンの浮き彫りに登場するキャラ？は総勢124人。左に聖女フォワのうずくまる姿がある。サント・フォワ修道院。

LANGUEDOC-ROUSSILLON
ラングドック・ルション

　ラングドック・ルションは、中央山地南部とセヴェンヌの山から、乾燥した平野と地中海岸、そしてピレネ山脈の東部までを含む広い地方圏である。

　地中海の海岸は、降り注ぐ南国の陽光を楽しむ人びとでにぎわい、高温で乾燥した大地はブドウの生育に適していて、コルビエールやミネルヴォワなど、大量のワインが生産されている。

　オック語の範囲はこの地方だけではないが、ラングドックとはオック語のことである。一方ピレネ側のルションはカタロニアの一部が、1659年のピレネ条約によってフランス領となった地域で、今もカタロニ

スペイン国境近くコリウールの港

15世紀、スペインによるサレス要塞

ア語が使われている。

　ピレネ・ゾリアンタル県が、ほぼそのままルシヨンで、かつてのマヨルカ王国の都ペルピニャンに県庁がある。ピレネ山中には、**サン・ミシェル・ド・キュクサ**など、カタロニア・ロマネスクの修道院が点在し、渓谷の町プラードでは、チェロ演奏家パブロ・カザルスが、フランコ政権下のスペインからの亡命生活を送っていた。

　ナルボンヌが都のオード県には、中世城塞都市**カルカソンヌ**があり、また、平地から突き出た岩山に、**ペールペルチューズ**(→p.42,43)、**ケリビュス**(→p.44)などのカタリ派の城塞跡が、悲惨な歴史を物語っている。

　エロー県には、ベジエ郊外のケルト遺跡**オピドゥム・アンセリュヌ**(→p.24~27)があり、ガール県にはローマの水道橋**ポン・デュ・ガール**が壮大な姿を見せている。

　ロゼール県はオーヴェルニュに続く山国で、大西洋や地中海へ向かうアリエ、ロト、タルンなどの水源がある。渓谷沿いに、石造りの家が肩を寄せ合っている。

ベジエ近郊の乾燥した大地

Carcassonne カルカソンヌ

　カルカソンヌは、ピレネから流れるオード川東岸の**シテ**と呼ばれる城塞と、西岸の下の町とに分かれている。二重の城壁に囲まれた丘の上のシテが、歴史的城塞都市**カルカソンヌ**としてユネスコの世界遺産に登録されている。

　ガロ・ローマ期以来の歴史を持つカルカソンヌの城塞は、軍事的な意味を失った17世紀以降、倉庫に使われたり外壁を石材に流用されるなど、かなり荒廃していた。

　現在見られる形になったのは、19世紀半ば、第二帝政下で史跡監督官だった作家プロスペル・メリメと、中世研究で知られる建築家ヴィオレ・ル・デュクによる大がかりな復元、修復の結果である。

　パリのノートルダム大聖堂や、ピエール

下の町からの遠望

フォン城などの修復を手がけたヴィオレ・ル・デュクは、平屋根だった塔にスレートの三角屋根を採用するなどの誤りもあり、批判もあるが、中世と同じ材料と工法で歴史遺産を再現しようとした情熱とその成果は、やはり偉大だったといえる。

　総延長3km、52の塔をもつ城壁のうち

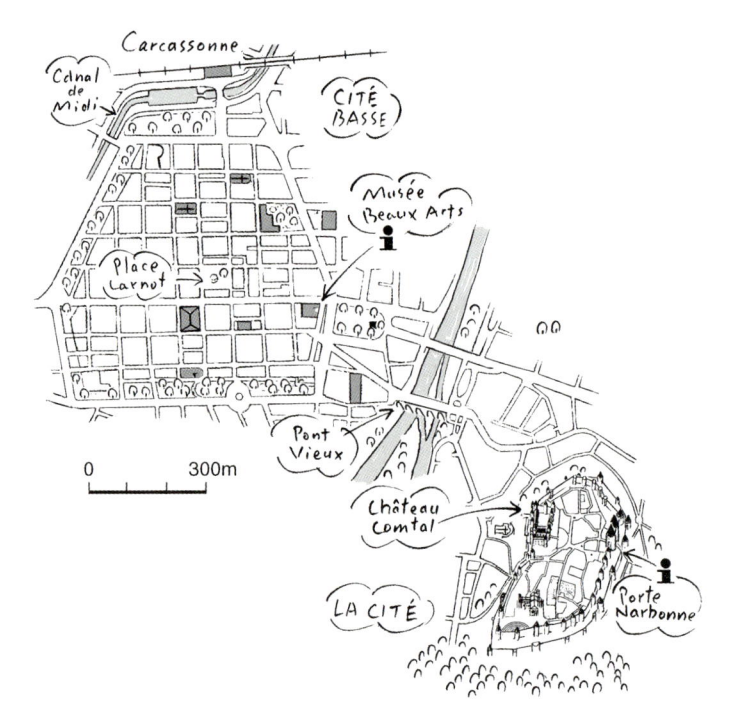

西側の城壁とコンタルの城

内側の城壁は、ガロ・ローマ期の砦の一部に、5～6世紀に西ゴート王国が築いた部分、中世に補強された部分が混在している。外側の城壁は、アラゴン王国への防衛のため13世紀に築かれたもの。場所によって城壁上を自由に歩くこともできる。

トゥールーズ伯の支配下にあった11～12世紀に、カルカソンヌは最盛期を迎え、**サン・ナゼール大聖堂**や**コンタル城**の建設がおこなわれている。

城壁の内側は、大小さまざまな中世の家がレストランや土産物屋になって、曲がりくねった路に軒を連ねている。遊園地的なにぎわいにやや辟易するが、ピレネまで見渡せる城壁や塔からの眺望はすばらしい。

13世紀初めのアルビジョワ十字軍に制圧され、1226年にフランス王領となったカルカソンヌは、その後しばらく、カタリ派の告発や火刑が続いたという。

下の町は、13～14世紀にカタリ派狩りを逃れた住民のために建設された、新都市バスチッドで、カルノ広場を中心に、格子状に区画されている。北はずれの駅前に、ミディ運河の水門があって、地中海と往き来する川舟が停泊している。

パリ・オステルリッツ駅からリモージュ、トゥールーズ経由で、約7時間30分。トゥールーズからは、ナルボンヌ方面行きで約50分。

現在のシテの住民は1000人ほど

ラングドック・ルシヨン | 143

Perpignan ペルピニャン

スペイン国境に近いピレネ・ゾリアンタル県の都ペルピニャンは、国境南のバルセロナにつぐカタロニア第二の都市で、赤と黄色のカタロニアの旗がたなびいている。

駅正面の時計の上に、両手両足を広げた**ダリの像**が乗っている。フィゲラス生まれのカタロニア人ダリが、この駅を「宇宙の中心」である、として描いた『ペルピニャン駅』（ケルン・ルートヴィヒ美術館）のなかの彼の姿を彫像にしたものだ。

10世紀初めにルシヨン（ルサリョー）伯によって造られた町が、アラゴン王国の一部となり、13世紀初めにはマヨルカ王国の首都となった。

王国時代の80年間は、ラシャを中心に、織物、染色、革なめし、刺繍、金銀細工などの職人技術による商工業の発展で、ペルピニャンの黄金時代だった。

14～16世紀のサン・ジャン・バティスト大聖堂

旧市街の南はずれの高台に、**マヨルカ王の宮殿**が遺り、中心街のマルシャン通りの家並や、商業取引所の豪華な建物が、栄光の時代を物語っている。

旧市街は、美しく整備されたバス運河の東側に広がっている。運河脇に建つレンガの**要塞門カスティエ**は、14～15世紀に建てられたもので、今は**カタロニア博物館**となっている。イスラーム建築を思わせるドームのある屋上の回廊からは、地中海、ルシヨン平野、ピレネの名峰カニグー（→p.17)を望むことができる。

わずかに残る市壁と、マヨルカ宮殿を囲む塁壁は、1659年のピレネ条約によってフランス領になったのちに築かれたものだ。

現在のペルピニャンは、気温が零度以下になることがまれなルシヨンで造られる、コルビエールのワインと野菜・果物の集積地となっている。エコロジー都市としても知られ、長い日照時間を利用した太陽光発電と風力発電で、2015年までに電力を完全自給する計画を進めている。

パリ・リヨン駅から、モンペリエ経由のTGVで、約4時間50分。

商業取引所（14～16世紀）を飾る交易船の看板

Béziers ベジエ

リケは運河開通1年前の1680年に死んだ

ミディ運河フォンゼランヌの水門

　オルブ川を見下ろす丘の町ベジエは、ガロ・ローマ期以来現在まで、ワインの集積地として栄えてきた。

　1209年7月22日、カタリ派を攻撃したアルビジョワ十字軍は、住民を虐殺し、破壊された街は廃墟化したという（→p.44）。

　プラタナス並木のポール・リケ遊歩道には、地中海とガロンヌ川とを結ぶ**ミディ運河**を建設したポール・リケの像が立っている。17世紀末に完成した運河によって、ワインの流通は飛躍的に拡大した。

　西南の町外れにある**フォンゼランヌの水門**は、300mの間に設けた七つの閘門で、21.55mの水位差を調整している。

　パリ・リヨン駅からTGVで約4時間。モンペリエからは約50分。

アルビジョワ十字軍に破壊され、13～14世紀に再建されたサン・ナゼール大聖堂

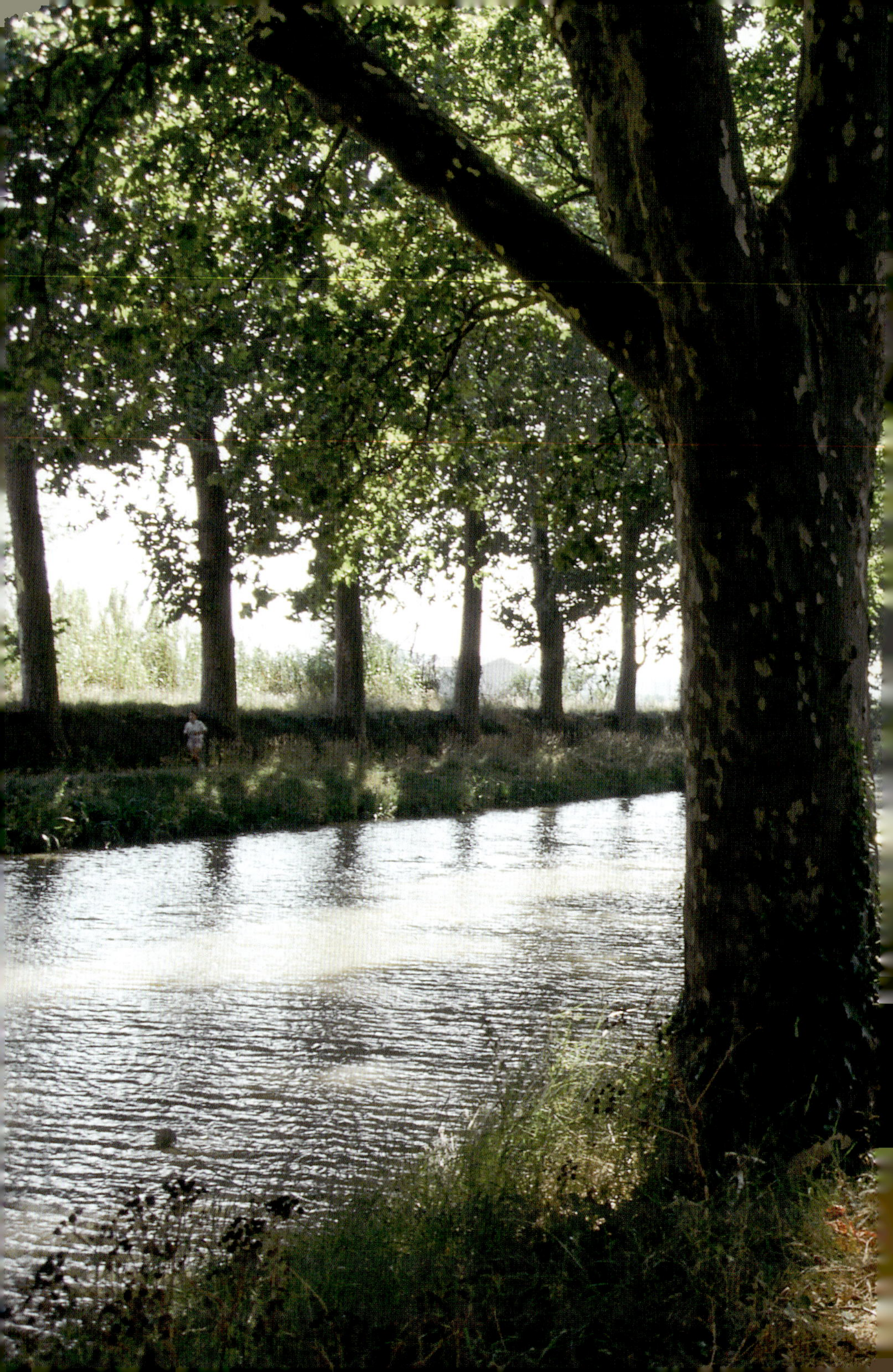

ベジエ近郊のユネスコ世界遺産ミディ運河

Sète セト

内海トーの潟を囲む砂州の東端の丘のふもとにあるセトは、まるで地中海と内海の間に浮かぶ島のような港町である。

セトの港は、1666年、ルイ14世の宰相コルベールによる決定で、**ミディ運河**とともに建設されている。大西洋岸からラングドックにかけての物資輸送のために造られたミディ運河は、ジブラルタル海峡を通過する際にスペインに払っていた関税が不要になるという利点もあった。運河の地中海側出口に造られた**セト港**は、開港以来、ワインや木材、穀物、鉄などの交易で発展し、現在はフランスの地中海沿岸最大の漁港で、マルセイユにつぐ大商業港であり、チュニジア、モロッコとの定期船や、クルーズの客船、無数のヨットの集まる港としてもにぎわいをみせている。

イタリアやマグレブ系の住民が多く、国際色豊かな港地区には、いく筋もの運河が巡り、旧港へ向かう運河の河岸には、魚介類のレストランが並んでいる。

港の西モン・サン・クレールの丘の南斜面に、詩人ポール・ヴァレリーの眠る「**海辺の墓地**」がある。墓地北の**ポール・ヴァレリー博物館**は、セトの歴史と詩人の足跡を展示している。

丘の北麓の墓地には、セトが生んだもう一人の詩人、歌手ジョルジュ・ブラサンスの墓があり、近くには彼の資料と音楽を集めた**エスパス・ブラサンス**がある。

地中海と内海の間に伸びる12kmにおよぶ砂州は、美しい砂浜の海水浴場である。

パリ・リヨン駅からTGVで、約3時間40分。モンペリエからは約20分。

ポール・ヴァレリーの墓(中央手前)がある海辺の墓地

Montpellier モンペリエ

　ラングドック・ルシヨン地方圏とエロー県の都モンペリエは、周辺のベジエやニームなどが、ガロ・ローマ期からの歴史を持つのに対し、13世紀初め、マヨルカ王国に属してから、ワインや香料の交易で発展した町である。**モンペリエ大学**は、1220年に開校した医学校が基礎となっている。

　1349年にフランス王国は、モンペリエをマヨルカから買い取って王領としている。

　街の中心コメディ広場の北西に広がる**旧市街**には、宗教戦争後の17〜18世紀に建てられた建築が多い。方形の中庭に面した、華麗な階段と回廊を持つ、イタリア風の美しい館がいくつも遺されている。

　17世紀の**凱旋門**から続くプロムナード・ペルーの先に、18世紀の**水道橋**がある。

　ファーブル美術館にあるクールベの『ボ

アンチゴーヌはネオ古典主義のポストモダン建築

ンジュール・ムッシュ・クールベ』は、写実主義の記念碑的作品である。

　1944年に米軍の空爆を受けた街は、戦後の経済成長で復興し、70年代末からは、旧市街東側に、カタロニアの建築家リカルド・ボフィルが設計した広大な開発地区「**アンチゴーヌ**」(→ p.88)が造成されている。

　パリ・リヨン駅からTGVで3時間20分。

坂道に小さな路地が続く旧市街

Nîmes ニーム

プロヴァンスとの境、ローヌ川下流の西岸にあるガール県の都ニームは、プラタナスや糸杉に明るい陽光が注ぐ町である。

駅からの大通りを方形の広場エスプラナッドまで行くと、すぐ西側に巨大な闘技場**アレーヌ**がある。アーチの連なる回廊がほぼ完全な形で遺された、紀元1世紀末のローマ建築で、現在も2万人の観客を収容でき、闘牛やコンサートに使われている。

アレーヌ。冬には布のドーム天井で覆われる。

メゾン・カレ(四角い家)は、紀元1世紀に造られた完全な状態で保存されている世界唯一の古代ローマ神殿。コリント式の列柱に囲まれ古代彫刻が置かれた内部は、美術展会場として使われている。

メゾン・カレに並んで建つ**カレ・ダール**(芸術の四角)は、スケールをメゾン・カレに合わせたノーマン・フォスター設計の情報図書館で、重厚な石の古代建築との対比がおもしろい(→p.31)。

カレ・ダール北の広場を、水路に沿って西に行くと、18世紀に造られた**ラ・フォンテーヌ庭**園へ出る。ローマ都市ニームは、現在のラ・フォンテーヌ庭園の泉を中心に造られ、泉の精「ネモーザ」がニームに転じたといわれている。庭園内には、ローマの聖域に関係するらしい**ディアヌの神殿**と呼ばれる崩れかけた建物がある。

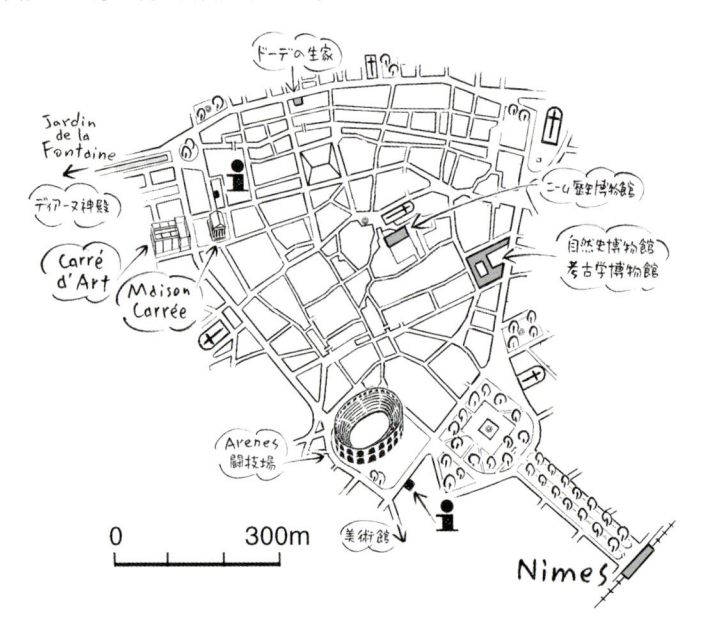

メゾン・カレ(左)とカレ・ダール(右奥)

　庭園北の丘の上に、**マーニュの塔**が建っている。ローマの城塞の八角形の塔で、当時の3階部分は崩壊したらしい。32mの高さの塔の最上部からは、足下に広がるニームの街と、セヴェンヌからピレネまでの山並を一望できる。

　メゾン・カレの東側、旧市街には、中世から18世紀の館が数多く遺されている。大聖堂司教館にある**ニーム歴史博物館**は、特産の絹のショールや各種の織物、染め物などを展示。旧イエズス会の教会にある**考古学博物館**には、先史時代からガロ・ローマ期の資料が集められている。旧市街北はずれには『水車小屋便り』の作者**アルフォンス・ドーデの生家**がある。

　パリ・リヨン駅からニームまでは、TGVで約3時間。ユネスコの世界遺産、ローマ時代の水道橋**ポン・デュ・ガール**(→p.28, 29)は、ニームとアヴィニョンの間のガルドン川にかかっている。どちらからもバスで50分ほど。3層の橋は水路のある最上階の長さが175m、高さ49m。

アレーヌで開かれる闘牛コリーダのポスター

街角には現代彫刻

ラングドック・ルシヨン | 151

RHONE-ALPES
ローヌ・アルプ

　スイス・アルプスを出たローヌ川は、レマン湖を抜け、ジュネーヴの南でフランスへ入る。ローヌ・アルプ地方は、アルプスを一気に下って地中海へと向うローヌ川流域とソーヌ川などの支流、ロワール川上流を含む8県で構成されている。

　スイス、イタリアと国境を接するオート・サヴォワ県とサヴォワ県、そしてイゼール県の東側は、水のエヴィアン、アヌシー湖とアヌシー、高原の温泉地エクス・レ・バン、シャンベリー、そして冬季オリンピック開催地だったシャモニー・モンブラン、グルノーブル、アルベールヴィルなど、アルプスの3000～4000m級の山々を含む雄大な自然につつまれている。

　イゼール県の西側からドローム県の一帯は、アルプスと南仏プロヴァンスの間の、深い森と渓谷にラヴェンダーとブドウ畑の

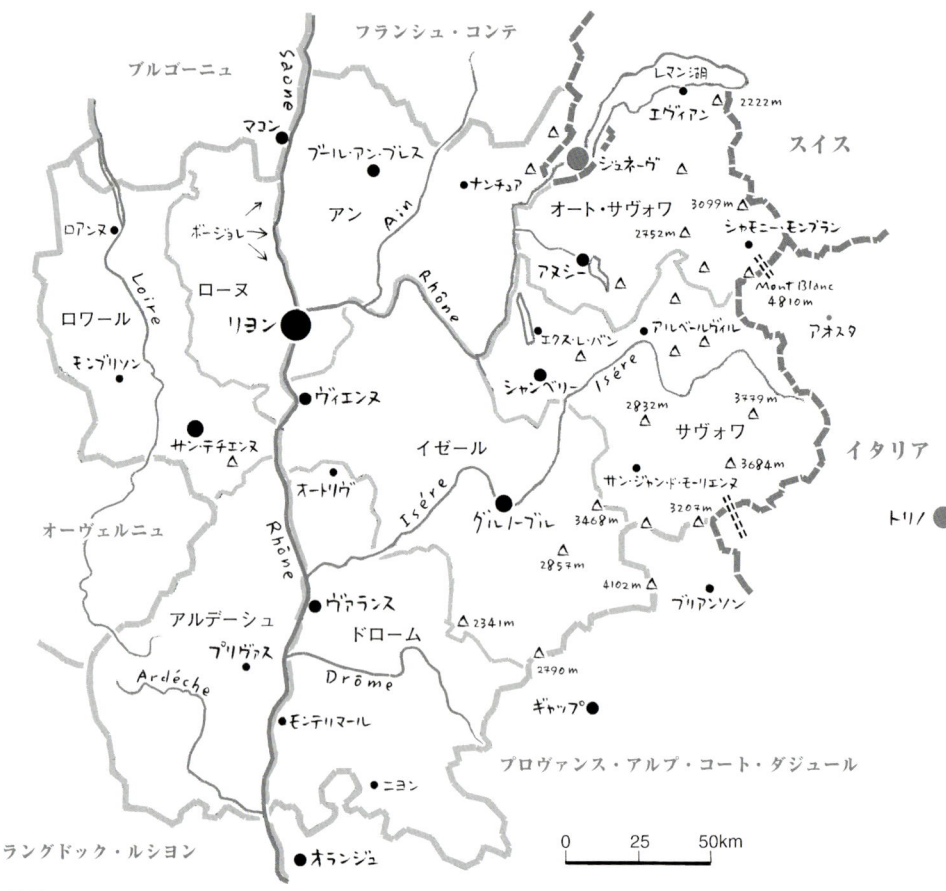

シャンベリー城に建つ、作家グザヴィエ、保守思想家ジョゼフのド・メーストル伯兄弟像

平原が続いている。ローヌ沿いのヴィエンヌはガロ・ローマ期の代表的な都市で、古代劇場や神殿などの遺跡が遺されている。

オートリヴの**パレ・イデアル**（理想宮）は、郵便配達人シュヴァルが、19世紀末から33年かけて独力で築いた幻想的な建築。

ソーヌ川東岸のアン県と、フランス第二の都市リヨンを含むローヌ県、そして産業都市サン・テチエンヌに県庁を置くロワール県周辺は、リヨネ地方と呼ばれている。

ブレスの鶏で知られるアン県は、鶏だけでなく、ブルーチーズや川魚などで、美食の都リヨンの食材を支えている。

ローヌ県のソーヌ沿い、ボージョレ地方は、ボージョレ・ヌーヴォーで知られ、ヴィエンヌから南の、アルデーシュ県とドローム県のローヌ川沿岸は、コート・デュ・ローヌの大産地である。

オートリヴのパレ・イデアル

サヴォワ名産のソーセージ

ローヌ・アルプ

Lyon リヨン

　都市圏人口でフランス第二の都市リヨンは、ソーヌとローヌの水辺にある。

　リヨン南部で合流するこの二つの川は、ガロ・ローマ期から重要な交通路で、前1世紀にはソーヌ川西岸のフルヴィエールの丘に古代ローマの植民都市が築かれた。斜面に遺る**大野外劇場跡**では、今もオペラやコンサートが開かれている。

　19世紀に丘の上に建てられた**ノートルダム・ド・フルヴィエール聖堂**からは、リヨンの街の大パノラマが楽しめる。

　サン・ジャン大聖堂の建つソーヌ西岸の丘のふもとには、15〜16世紀の美しい家が石畳の坂道に並ぶ歴史街区が広がっている。

　17〜19世紀になって、印刷や出版、そして絹織物の生産が繁栄し、現在のリヨンの中心街となっている二つの川の間が発展した。ペラーシュ駅からベル・クール広場、市庁舎にかけての一帯には、**リヨン美術館**、**織物博物館**、**印刷博物館**、**オペラ座**などが

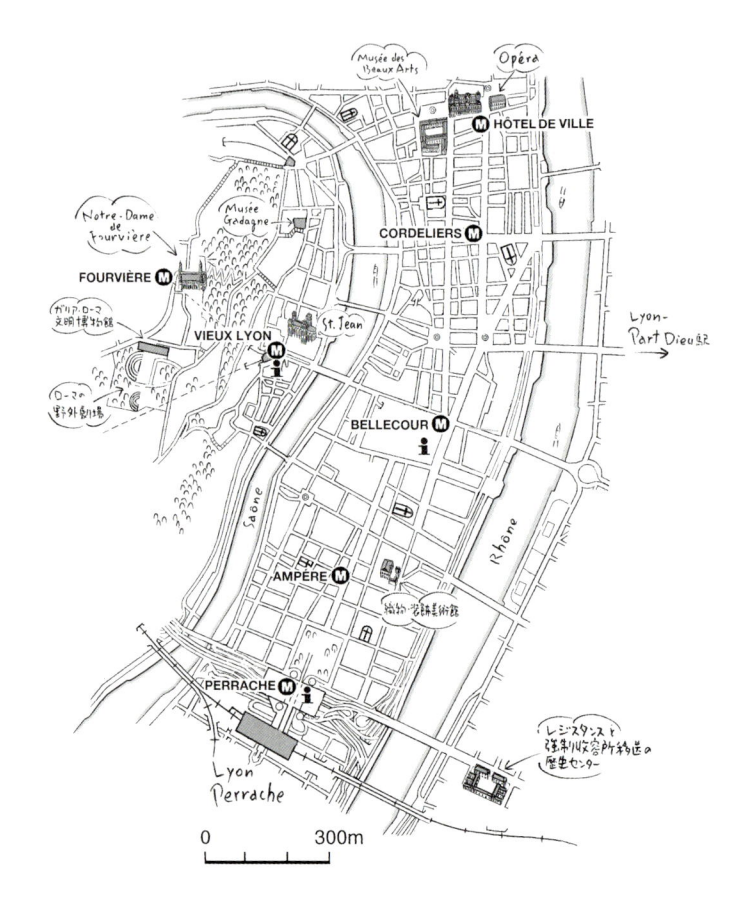

ベルクール広場のルイ14世像とフルヴィエールの丘　　丘のふもとの坂道

集中し、ブションと呼ばれる伝統料理レストランが並んでいる。

絹織物の工房は、主に市庁舎(→p.74)北の高台**クロワ・ルス地区**に集まっていた。この街には、絹織物を運ぶために中庭や建物を抜け別の街路へ出る迷路のような通路が無数にある。**トラブール**と呼ばれるこのリヨン独特の通路は、19世紀に絹織物職人たちの反乱の場となり、第二次世界大戦では、レジスタンスの基地となったという。

クロワ・ルスを含めたリヨンの旧市街全体が、ユネスコ世界遺産である。

パール・デュー駅東の住宅街には、映画の発明者リュミエール兄弟の家**ヴィラ・リュミエール**が公開されている。

パリ・リヨン駅からTGVで、リヨン・ペラーシュ、またはリヨン・パール・デュー駅まで、約2時間。

場所の魅力 ④

トニー・ガルニエの公共建築

トニー・ガルニエ(1869〜1948)は、リヨンのクロワ・ルスの絹織物職人の家に生まれた都市計画・建築家である。

20世紀初頭にリヨンの都市改造を推進した社会主義者の市長エドゥワール・エリオのもとで、1904年に設計した公園内の牛の畜舎を手始めに、1万7000㎡の巨大な食肉処理市場(トニー・ガルニエ市場)、ジェルラン競技場、織物学校、ヴォードレー電話センター、エドゥワール・エリオ病院など市の東南部に多くの公共建築を設計した。リヨン以外では、パリ西郊ブーローニュ・ビヤンクール市庁舎(1934)がある。

彼が1904年に発表し17年に刊行された『工業都市』構想は、社会主義ユートピ

食肉処理市場はコンサート会場に使われている

ア思想にもとづいた理想都市計画案で、ル・コルビュジエが高く評価した。

1930年代前半に建てられたエタズユニ(合衆国)地区の公共住宅団地は、25面の壁面に彼の業績を描いたトニー・ガルニエ屋外博物館となっている。

Chambéry シャンベリー

シャンベリーは、16世紀までサヴォワ(サヴォイア)公国の首都だった。回廊をもつイタリア風の館が目立ち、美術館にはウッチェロやティツィアーノなどのイタリア絵画が並ぶ、イタリア風の町である。

交差点に立つ**フォンテーヌ・デ・エレファン(象の泉)**は、19世紀初めにインドに駐在した将軍ボワーニュ伯爵の記念碑。ここから伸びるボワーニュ通りがシャンベリーの中心街で、突き当たりに**サヴォワ公の居城**がある。14～15世紀の城には今、サヴォワ県庁と県議会が置かれている。

13～17世紀の旧フランシスコ会修道院の建物が**サヴォワ博物館**となっていて、山村の生活と歴史の民俗資料、それに17世紀以来の素朴な民衆絵画が展示されている。

修道院の付属教会だったゴシックの**大聖

フランシスコ会修道院の付属教会だった大聖堂

堂**から城にかけての一帯には、リヨンのトラブールと同じように、建物をくぐり中庭を抜ける迷路のような小路がある。

東へ2kmほど、ル・シャルメットの小径の奥にある**ジャン・ジャック・ルソーの家**は、1736～42年、20代の彼がヴァランス夫人の愛人として暮らした田舎家である。 パリ・リヨン駅からTGVで約3時間。

巨大なゾウが4方に顔を出し、中心の高い円柱にボワーニュ伯の像が乗っている

Annecy アヌシー

アヌシーを都とするオート・サヴォワ県は、1860年に住民投票をへてイタリアから割譲され、フランス領となって作られた県である。精密工業やスキーなどのスポーツ産業が盛んなアヌシーは、2000m級の山々に囲まれたアヌシー湖畔にある。

七つの渓流と湖底の湧水で満たされた透明な湖には白鳥が浮かび、岸辺は別荘やホテルが並ぶリゾート地となっている。

湖から流れ出る二つの運河の周りに広がる旧市街には、アーチ型のアーケードを持つ、中世の古い家並みが続いている。

12世紀の**リル宮殿**は、裁判所や牢獄、貨幣鋳造所などに使われた建物で、今は**歴史博物館**。**サン・ピエール大聖堂**の旧司教館は、青年時代のルソーがヴァランス夫人と出会った場所である。

アヌシー城

街と湖を見下ろす南の高台に建つ**アヌシー城博物館**は、ジュネーヴ公が12世紀に築いた城で、15〜16世紀にサヴォワ公のもとで堅固な要塞城となった。現在は、サヴォワの民俗・山岳・建築・美術・歴史・科学・自然・アニメーションなどの総合博物館となっている。

パリ・リヨン駅からTGVで3時間40分。

ティウ運河沿いの旧市街は、アルプスのヴェニスといわれる

Grenoble グルノーブル

　イゼール県の都グルノーブルは、中世からドーフィネ地方の中心地として栄えたアルプス地方最大の都市である。

　アルプスの山とイゼール川の清流に囲まれた町は、中世から18世紀の建物が遺る旧市街と、ハイテク産業の盛んな現代都市の顔が、豊かな緑のなかに併存している。1339年創設の**グルノーブル大学**をはじめ、研究施設の多い学術都市でもある。

　旧市街の中心グラネット広場の近くには、スタンダールの生家と、彼が幼年時代を過ごした母方の祖父の家が、**スタンダールの家**として公開されている。

　サン・タンドレ広場の**パレ・ド・ジュスティス**(裁判所)は、華麗な15世紀の建物。隣の18世紀の館(旧市庁舎)は、**スタンダール博物館**となっている。

　河岸の公園からイゼール川対岸の**バスチーユ要塞**へ上るロープウェイが出ている。5台の球形透明キャビンが連なって、急勾配の山を上下するユニークなもの。

　16世紀に築かれた要塞は、19世紀前半にアルプス防衛の前線基地として堅固に補強されている。高さ475mの**展望台**からは、眼下に広がるグルノーブルの街と、アルプスの白い山並のパノラマが見られる。

都市ではヨーロッパ最古のロープウェイは、1937年の開通

　要塞のふもとの**サン・ローラン教会**には、6世紀の**クリプト**(地下礼拝堂)がある。
　17世紀の旧修道院にある**ドーフィノワ博物館**は、地方の歴史と民俗、とくに山岳とスキーに関する展示がユニークである。
　旧市街の北、河畔に建つ明るい現代建築の**グルノーブル美術館**は、ヴェロネーゼ、ルーベンスから、マチス、ボナール、クレー、ミロまで、フランスの美術館でも有数のコレクションがあり、見逃せない。
　市庁舎やオリンピック・スタジアムのある**ポール・ミストラル公園**には、1925年に開かれた観光博覧会のために建てられた、ヨーロッパ最初のコンクリートの塔、**トゥール・ペレ**がある。
　パリ・リヨン駅からTGVで3時間。

バスチーユ要塞遠望　　ペレ兄弟設計の塔は高さ87m　　スタンダールの家

ロース・アルプ | 159

Chamonix-Mont Blanc シャモニー・モンブラン

　ヨーロッパの最高峰、標高4810.40mの**モンブラン**のふもとの町シャモニーは、アルピニズム発祥の地として知られている。街の平均標高は1037mという。

　1741年にシャモニーの村を訪れた2人のイギリス人が、アルプス最大の氷河を発見、**メール・ド・グラス**（氷の海）と命名。その美しさを伝え聞いた自然好きのイギリス人客が増え、19世紀初頭には、アルプスの保養地として知られるようになった。

　1786年8月8日、シャモニーの住人で山岳ガイドの先駆とされるジャック・パルマと、医師のミシェル・ガブリエル・パカールが、モンブラン初登頂に成功。それが契機となってアルピニズムが誕生したといわれる。旧市街の中心に、パルマとパカールの像がある。パルマが指すのはもちろんモンブランの頂だ。

　万年雪を戴く山々に囲まれた小さな街には、リゾート・ホテルやスポーツ用品店が並び、一般の観光客と登山やスキーの本格派であふれている。

　メゾン・ド・モンターニュ（山の家）は、1821年結成のシャモニー・ガイド組合の本拠であり、**山岳博物館**は、モンブランとシャモニー渓谷の自然と、アルピニストの歴史を展示している。

　1924年には、16カ国が参加した第1回冬季オリンピック大会が開催されている。

　町の南、分譲別荘アパート群が並ぶ広場から、モンブラン山頂直下のエギーユ・デュ・ミディへ上るロープウェイが出ている。1955年に完成したロープウェイは、途中で乗り継いで20分ほどで山頂へ上る。

ジャック・パルマとミシェル・ガブリエル・パカールの像

展望台からのグランド・ジョラスなどの眺望は最高だが、急激な気圧変化に注意がいる。ここからさらにロープウェイで、イタリア側の**エルブロンネ展望台**、さらに**アオスタ渓谷**へ下りることもできる。

　1908年に開通したシャモニー駅東から出る登山電車は、標高1916mのモンタンヴェールでメール・ド・グラスを一望でき、さらにロープウェイに乗り継ぐと氷河の上に立つこともできる。しかし地球温暖化で、この氷河も急速に小さくなっている。

　1901年に開通したモンブラン鉄道は、サン・ジェルヴェからシャモニーを経由してヴァロルまで、シャモニー渓谷沿いの美しい村を結ぶSNCFの山岳線である。さらに現在は、ヴァロルからスイス国境のシャトラールを通り、スイスのマルティニまで延びていて、フランスとスイス両方の国鉄車両が運行している。パリ・リヨン駅からはTGVでサン・ジェルヴェまで約5時間、シャモニー方面行きに乗り換えシャモニー・モンブランまで約1時間。TGVでベルガルドまたはアヌシーまで行き、サン・ジェルヴェ、シャモニーと乗り継ぐ列車もある。いずれも約6時間かかる。

シャモニーの教会

アルプスには4000m以上の山が82峰、うち 24峰が、フランス、ローヌ・アルプ地方にある

PROVENCE-ALPES-COTE D'AZUR
プロヴァンス・アルプ・コート・ダジュール

ローヌ川左岸のプロヴァンス、アルプス南部とその山麓、そして地中海沿岸のコート・ダジュールという、地形も歴史も異なる地域をあわせたフランス南東部の地方圏は、通称 PACA（パカ）と呼ばれている。

オート・ザルプ県ブリアンソン近くのイタリア国境にある**モンジュネーヴル峠**は、前218年にハンニバルが、前58年にカエサルが通過し、18世紀末にはナポレオンがアルプス越えをしたところである。

アルプ・ド・オート・プロヴァンス県の西部から、ヴォクリューズ県、ブッシュ・デュ・ローヌ県にかけてが、プロヴァンス地方と呼ばれる地域。プロヴァンスは先史時代から開けた土地で、マルセイユ南のカシス（カシ）の、**コスケール海中洞窟**では、氷河期の壁画が発見されている。

乾燥した土地に激しく冷たい北風ミストラルが吹くプロヴァンスは、冬には決して住みやすい土地とはいえないが、前6世紀にギリシャ人がマルセイユに植民都市を建設して以来、地中海世界への入口として発展してきた。ギリシャ人が、オリーブやブドウの栽培とワイン造りを伝え、ガロ・ロ

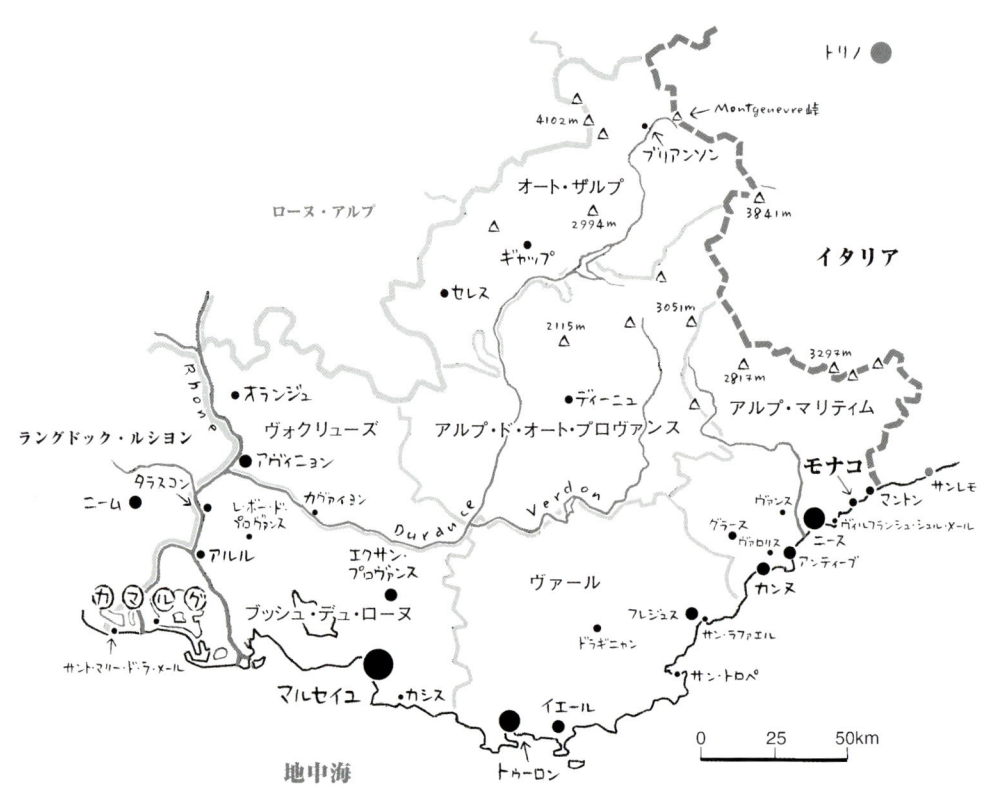

要塞のような町グラース。カンヌやニースの海岸を見下ろす山の上に魅力ある町や村がある

ーマ期には、ローマの属州プロウィンキア（プロヴァンスの語源）として、今も各地に遺る劇場や競技場などが建設された。

中世にはプロヴァンス伯領として繁栄、15世紀には首都エクサン・プロヴァンスを中心に独自の文化を築いていた。

ヴァール県の軍港トゥーロンから、アルプ・マリティム県のマントンにいたる沿岸が、コート・ダジュールである。ニースを中心とするこの地方は、14世紀にプロヴァンス伯領からサヴォワ公国領になった時から、サヴォワとともにサルデーニャから割譲された1860年まで、フランス領ではなかった土地である。

強い陽光の下の青い海と空、そして、オリーヴ油と香草類を使ったプロヴァンス料理や、ブイヤベースなどの魚介料理にも、地中海文化の独自性が生きている。

ペタンクに興じるアルルの男たち

ニース海岸のプロムナード・デ・ザングレ

プロヴァンス・アルプ・コート・ダジュール

Avignon アヴィニョン

　毎年夏に開かれる演劇祭でも知られるヴォクリューズ県の都アヴィニョンは、14世紀に築かれた全長 4.3km の市壁で囲まれたローヌ河畔の古都である。
　駅前の市門から延びる並木道を行くと、時計塔広場に出る。機械仕掛けの人形が時を告げる**市庁舎の時計塔**は14世紀のもの。カフェのテラスが並ぶアヴィニョンの中心広場である。さらに北のパレ広場に、要塞のような**教皇宮殿**がそびえている。
　14〜15世紀に教皇庁が置かれたアヴィニョンは、教皇がローマに戻ったあとも革命までは教皇領の文化都市として繁栄した。
　高さ50mの城壁に囲まれた教皇宮殿は、1万5000㎡の広大な敷地に新旧の宮殿が建ち、青地に小鳥やブドウの蔓が描かれた**教皇寝室**や、緑の地に狩猟や収穫の情景が描かれた**鹿の間**の装飾に目を奪われる。
　教皇宮殿の裏側に小高い岩山があり、テラスからは、眼下のローヌ川に突き出たアヴィニョンの橋で有名な**サン・ベネゼ橋**を見下ろすことができる。何度も流されたこ

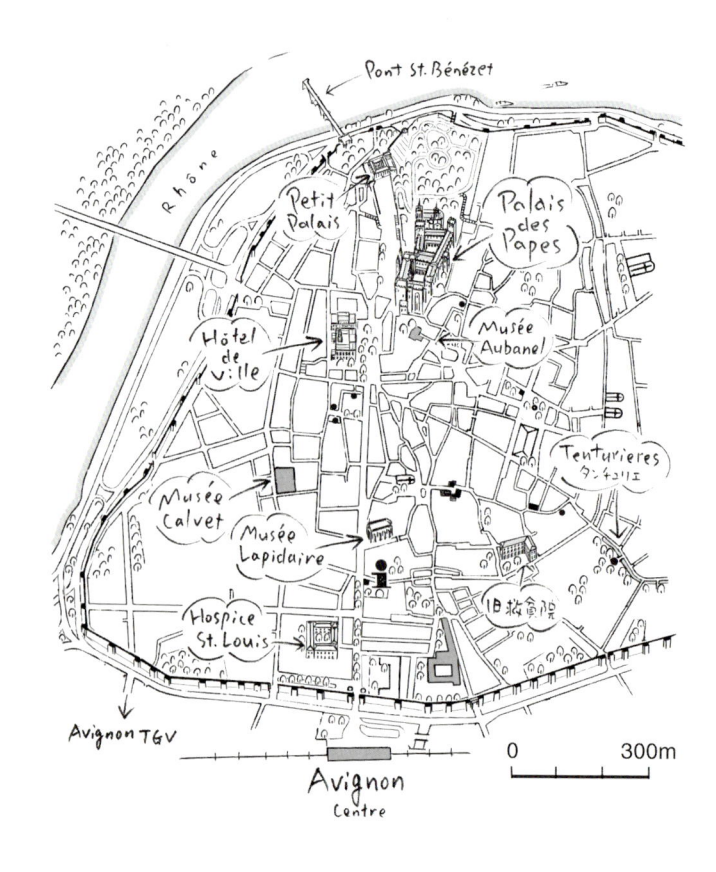

左は市庁舎の時計塔。アヴィニョンは12世紀末に自治共和国として独立宣言している

の橋は、17世紀に修復を断念されている。
　この橋を含む教皇庁周辺の歴史地区は、ユネスコ世界遺産に登録されている。
　14世紀の大司教館だった**プチ・パレ美術館**は、ボッティチェルリの『聖母子』などのイタリア絵画が中心。市内にはこのほか、先史時代の出土品から近代絵画まで、幅広い収集品を持つ**カルヴェ美術館**、17世紀の礼拝堂にケルトやローマ期の彫刻などを展示する**ラピデール美術館**など、多くの個性的な美術館、博物館がある。
　ガール県に属する対岸の丘の町ヴィルヌーヴ・レ・ザヴィニョンには、14世紀の修道院や**サン・タンドレ要塞**があり、美術館にはアヴィニョン派の代表作『**聖母戴冠**』がある。**フィリップ美男王の塔**からのアヴィニョンの街の眺望もすばらしい。
　パリ・リヨン駅からTGVで、アヴィニョンTGV駅まで2時間40分。TGV駅からサントル(中央)駅まで連絡バスで10分。

教皇宮殿前のパレ広場

18世紀の旧救貧院は美術学校に

プロヴァンス・アルプ・コート・ダジュール

Orange オランジュ

　前1世紀の古代ローマ劇場で知られるオランジュは、プロヴァンスの北の入口に位置する町である（→p.4,5）。

　赤い瓦の家が続く街を歩くと、至るところでプラタナスのある大小の広場に出る。

　毎年夏にオペラの国際音楽祭が開かれる**古代劇場**は、舞台後方の壁と、丘の斜面を利用したすり鉢状の観客席が、ほぼ完全な形で遺されている。左右の幅が103m、高さ37mという舞台背後の石壁は、客席の最上段と同じ高さがあり、舞台の歌声を隅々まで響かせる装置になっている。壁龕に立つ彫像は、皇帝アウグストゥスである。

　劇場脇には、**ローマ神殿の遺跡**とローマ期の石細工や紀元前のこの町の地図などの歴史資料を展示する**市立博物館**がある。

戦いの場面の浮き彫りがある凱旋門

　北の町外れアルルとリヨンを結ぶ街道に、カエサルを讃える**凱旋門**が建っている。古代劇場の周辺の遺跡と凱旋門は、ユネスコ世界遺産に登録されている。

　パリ・リヨン駅からアヴィニョン・サントル駅行きのTGVで3時間25分。アヴィニョンからは20分。

背後の丘から見下ろす古代劇場とオランジュの街並

ファーブルの村

セリニャンの人口は2000人ほど

　オランジュから8kmほど北東の、セリニャン・デュ・コンタは、おなじみの生物学者ジャン・アンリ・ファーブル(1823～1915)が、1879年からの晩年、36年間を過ごした村である。

　ブドウ畑と香草畑に囲まれた村の、役場前の広場にファーブル像がある。

　ファーブルが、l' Harmas (ラルマス、プロヴァンス語で荒れ地の意味)と名づけた庭のある大きな家は、国立自然史博物館の別館となって公開されている。

　研究室や標本陳列室には、2万点を超える押し葉標本、彼が描いた599点もの美しいキノコの図、鳥の剥製、貝殻、魚の化石、鉱物標本などが、実験台に置かれた顕微鏡などの遺品とともに、ほぼ生前のままに置かれている。

　昆虫の観察場だったおよそ1haの庭は、彼が1849～52年に暮らしたコルシカの草木をはじめ、世界各地から取り寄せた500種を超える植物が植えられた自然植物園。彼はここの強い日差しのもとで、さまざまな仕掛けを設置して、昆虫の生態を観察したのである。

　各国語に翻訳されているファーブルの著書『昆虫記』の和訳は、奥本大三郎による『完訳ファーブル昆虫記』が決定版といえるが、原題『Souvenirs entomologiques (昆虫学の回想)』を、『昆虫記』の名で初訳したのは、アナキスト大杉栄だった。

　ところで、このファーブル、フランスではほとんど知られていない。ここを訪れるのは、地元の子どもたちを別として、圧倒的に多いのは日本人なのである。

　バスの便はないので、オランジュからタクシーで。水曜と11～3月は休館。

Arles アルル

ローヌ河畔の古都アルルは、ローヌの河口に広がる湿原カマルグ東部を市域に含むため、758.93km²という、フランスでいちばん広い面積の都市である。

のどかな街には、紀元2世紀の**円形闘技場**などの古代ローマ遺跡が遺り、**サン・トロフィーム教会**のロマネスク遺構とともに、ユネスコ世界遺産になっている。

ニーム同様に闘牛がおこなわれる闘技場は、観客席からの眺めがいい。前1世紀の**野外劇場跡**のほかに、**コンスタンチヌス時代の共同浴場跡、地下回廊**と**フォールム跡**などのローマ遺跡がある。ゴッホとゴーギャンが描いた**アリスカン**は、ガロ・ローマ

19世紀に修復された野外劇場

期から中世にかけての墓地である。

サンチャゴ・デ・コンポステラへの巡礼路の起点のひとつだったサン・トロフィーム教会は、ロマネスクとしては珍しくローマ彫刻の影響が強く感じられる写実的な正

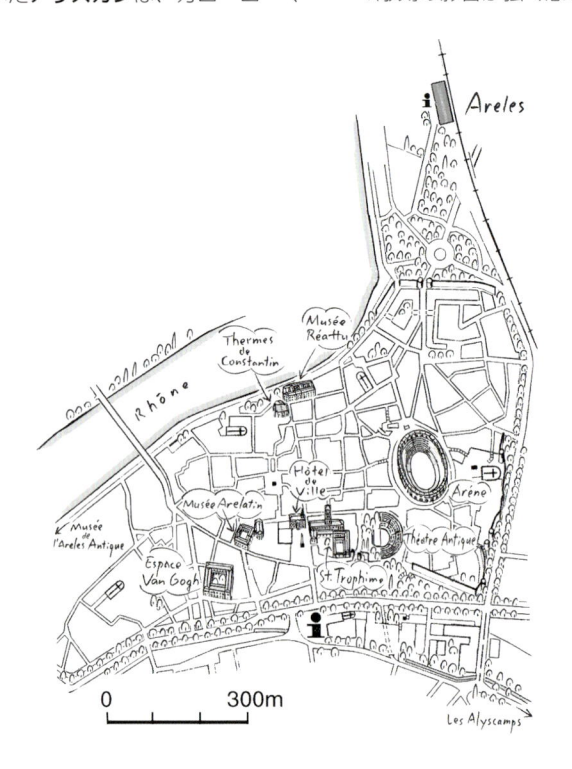

闘技場の上からのアルルの街とローヌ川の眺望

面タンパン彫刻と、ロマネスクとゴシック二つの小さな回廊の構成が特徴的である。

19世紀末に詩人フレデリック・ミストラルが創立した**アルラタン博物館**は、プロヴァンスの伝統衣装や仕事道具などが展示され、**レアチュー美術館**には、ピカソなど近・現代美術と、アンリ・カルティエ・ブレソンなどの写真コレクションがある。

国立写真学校のあるアルルは、国際写真フェスティヴァルでも知られている。

西のローヌ沿いには、1995年に開館した考古学資料を展示する、**古代アルル・プロヴァンス博物館**がある。

アルル南の**カマルグ**は、約10万haの広大な湿原地帯で、カマルグ米の栽培、製塩、カマルグ牛の飼育などがおこなわれ、自然保護区や自然公園には、ピンク・フラミンゴなど400種以上もの鳥が生息している。

海辺の町**サント・マリ・ド・ラ・メールの教会**は、聖母の妹のマリア・ヤコベとヨハネの母マリア・サロメ、2人に仕えたサラを祀っている。サラを守護神とするロマの人びとによる**巡礼祭り**は、5月と10月におこなわれてにぎわう。

パリ・リヨン駅からTGVでアルルまで約3時間50分。アヴィニョンからは約20分。

サン・トロフィーム教会の彫刻

プロヴァンス・アルプ・コート・ダジュール | 169

Les Baux-de-Provence レ・ボー・ド・プロヴァンス

　レ・ボーの村は、アルルから北東へ15kmほど、アルピーユの山から平野に突き出た石灰岩の台地にある。

　長さ900m、幅が200mの岩盤の上には、11〜13世紀に権勢を誇った**レ・ボー領主の城塞跡**がある。17世紀の宗教戦争で、リシュリューによって徹底的に破壊された。

　荒涼としたレ・ボーの岩盤からは、白い岩肌が点々と露出するオリーヴとブドウ畑の茫漠とした光景の向こうに、カマルグの湿原が広がる眺望を楽しめる。

　岩山の西斜面の小さな村は、すっかり観光化しているが、細い坂道と階段の続く村は魅力的。サン・ヴァンサン広場の高台からの**地獄谷**、**泉谷**の眺望もいい。

　村の北側の谷にある巨大な洞穴は、19世紀にここで発見されたボーキサイトの採石場跡である。この廃墟と地獄谷で、ジャン・コクトーの幻想的な映画『オルフェの遺言』の撮影がおこなわれている。

　6〜8月は、アルルのバスターミナルまたは駅前から、マルセイユ行きでレ・ボーまで30分。9〜5月は、レ・ボーの4kmほど南のモサーヌ・レ・ザルピーユまで25分。モサーヌからはタクシーで。

人工と自然とが一体化した景観

14世紀末の領主チュレンヌ子爵は、囚人を岩盤から突き落として楽しんだという

Aix-en-Provence エクサン・プロヴァンス

グラネ美術館には、9点のセザンヌのほか、ルーベンス、ピカソ、クレーなどがある

　近代絵画の父セザンヌの生地として、また国際音楽祭でも知られる古都**エクス**は、プロヴァンス伯領の首都だった中世から、プロヴァンス地方の文化の中心地として栄えた町である。15世紀初頭には大学が創立され、15世紀後半の領主、善王ルネの時代には、フランドルなど各地から数十人の芸術家が招聘されたという。

　プラタナス並木の大通りクール・ミラボー北側の**旧市街**には、17～18世紀のイタリア風の館が、噴水のある大小の広場を囲んでいる。古くから温泉が湧き、100以上もの噴水がある水の都エクスの語源は、ラテン語のアクア＝水、なのである。

　クール・ミラボーの「ドゥ・ギャルソン」は、セザンヌと親友のゾラが通ったカフェ。サント・ヴィクトワール山を望む町外れには、セザンヌがこの山を初めて描いた**ジャス・ド・ブッファンの家**や、晩年を過ごした**セザンヌのアトリエ**などがある。

　パリ・リヨン駅からTGVで、エクサン・プロヴァンスTGV駅まで3時間。TGV駅から市内への連絡バスで約20分。マルセイユからのローカル線 ter で、エクサン・プロヴァンス駅まで35分。

どの広場にも噴水とプラタナスがある

Marseille マルセイユ

　PACA地域圏の都で、ブッシュ・デュ・ローヌの県庁所在地マルセイユは、人口約80万人でパリにつぎ、都市圏人口ではリヨンについでフランス第三位の都市である。

　古代ギリシャの植民都市マッサリアの時代から交易で栄え、現在もヨーロッパ第三位、地中海沿岸では最大の貿易港である。

　マルセイユの中心**ヴュー・ポール**(旧港)は、メトロを出ると、無数のヨットが陽光にきらめく光景が広がっている。デュマの『モンテ・クリスト伯』で知られる**要塞イフ島**への遊覧船が出る波止場には、ブイヤベースのレストランが並んでいる。

　旧港南の丘の上には、マルセイユのシンボル、**ノートルダム・ド・ラ・ガルド**がそびえている。16世紀の砦の上に建てられた19世紀の聖堂である。

　旧港北岸の**パニエ地区**と呼ばれる旧市街

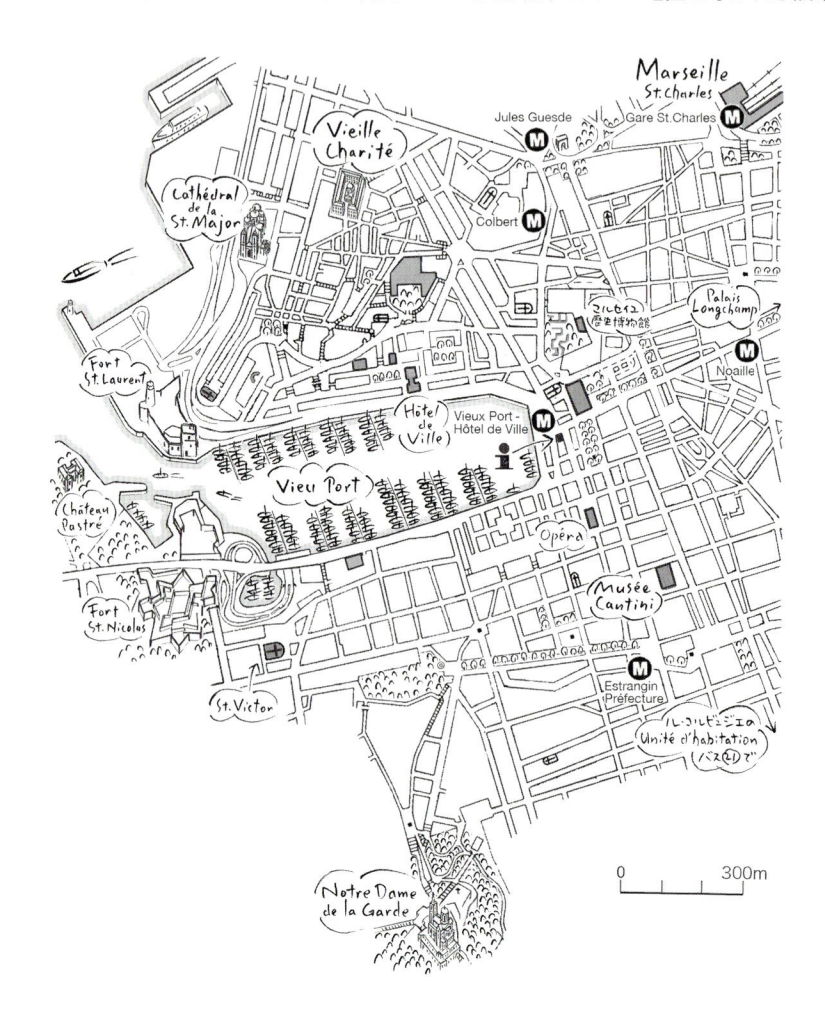

ダイアモンド型の壁面のディアマンテ館　　12世紀の聖堂と19世紀のマジョール大聖堂

は、坂道の狭い路地に歴史的な建物が遺されている。17世紀の正面を持つ市庁舎の裏手には、古い倉庫を使った**ドック・ロメン**(古代ローマの港湾)**博物館**や、旧マルセイユ博物館になっている16世紀のルネサンス建築**ディアマンテ館**などがある。

17世紀の旧施療院は、**地中海考古学博物館**や**アフリカ・オセアニア・アメリカ博物館**などの複合文化施設に改修されている。

マジョール大聖堂の足下に、地中海周遊船や定期航路の波止場があり、その北側に巨大な貿易港が続いている。

マルセイユには、博物館・美術館が数多い。市立美術館と自然史博物館のある**ロンシャン宮**は、駅東北の高台に建つ、19世紀の給水塔だったという華麗な建物である。

パリ・リヨン駅からTGVでマルセイユ・サン・ジャン駅まで、3時間。

場所の魅力 ⑥

ユニテ・ダビタシオン

マルセイユ東部の住宅地に、近代建築の巨匠ル・コルビュジエの代表作「ラ・シテ・ラデューズ(輝く街)」(→p.174,175)がある。

単身者から大家族向けまでの23タイプ、17階建て337戸の集合住宅は、1952年に完成し、世界の建築に強い影響を与えた。

人間の身体を基準にしたモデュロールで設計されたメゾネット住戸は、吹き抜け以外の天井がやや低いが、木製の備え付け家具など機能的で、住みやすそう。

コンクリートの巨大なピロティ(支柱)で支えられたユニテ・ダビタシオン(居住ユニット)の集合体は、建物内に店舗や郵便局、保育園、ジムなどを備えた、その名の通り光にあふれた1600人住民の街である。

海を望む屋上テラスには、子どもたちのためのプールや遊び場が設置されている。

ホールで管理人の許可を得て、商店街通路のある31階と屋上の見学ができる。

メトロ2号線ロン・ポワン・デュ・プラドからバスで、ル・コルビュジエ下車。

ル・コルビュジエのモデュロール

プロヴァンス・アルプ・コート・ダジュール | 173

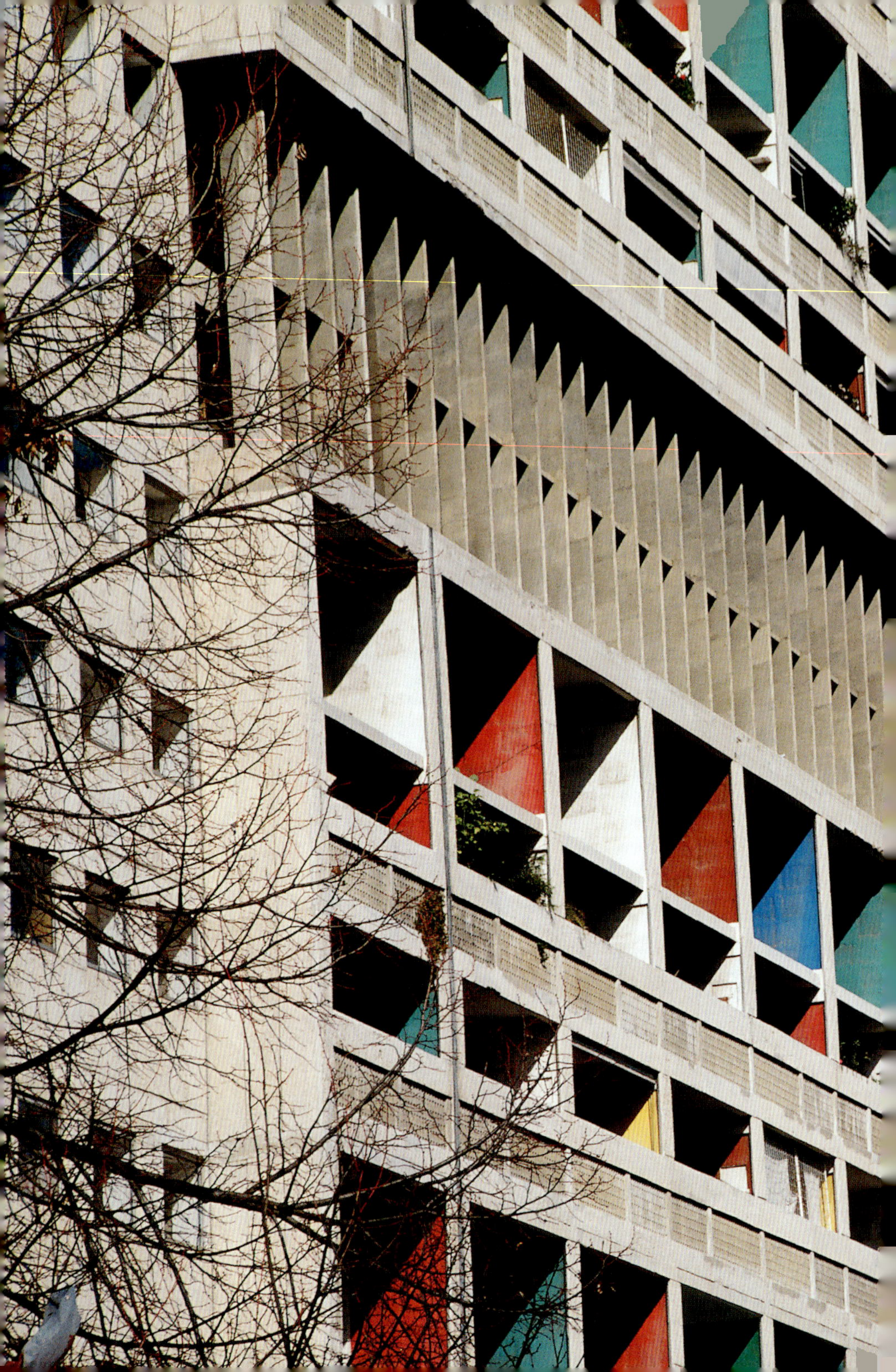

ユニテ・ダビタシオン「ラ・シテ・ラデューズ」マルセイユ

Toulon トゥーロン

プロヴァンスとコート・ダジュールの間に位置するヴァール県の県庁所在地トゥーロンは、17世紀以来の軍港で、現在も、港のほぼ半分をフランス海軍の地中海艦隊司令部と海軍工廠が占めている。

1793年、王党派を支援するイギリス海軍が占拠した港を共和国軍が奪回したトゥーロン攻囲戦での活躍で、砲兵士官ナポレオンの名が一躍知れ渡った。

第二次世界大戦で徹底的に破壊された市街には、戦後に修復された17〜19世紀の華麗な建物と、対照的にやや無愛想な復興期の近代建築が混在している。

旧市街の中心街**クール・ラファイエット**で火曜と日曜に開かれる朝市は有名で、この町出身のジルベール・ベコーの『プロヴァンスの朝市』に歌われている。航海の守護神像(→p.71)が立つ旧港の裏手には、屋根付きの魚市場があって活気をみせている。

港を囲む入り江の岬には、眺めのいい16世紀の**要塞塔トゥール・ロワイヤル**があり、岬の東の海岸の断崖沿いには、美しい別荘地が広がっている。

パリ・リヨン駅からTGVで、4時間10分。マルセイユからは約1時間。

ヴィクトル・ユゴー広場のオペラ劇場

海洋博物館の入口は、18世紀の旧海軍工廠の門

Hyères イエール

コート・ダジュール最古のリゾート地イエールの街は、海岸から3〜4kmほど北にある。18〜19世紀の街並を、大きなヤシの木が彩っている。19世紀からヤシの栽培がおこなわれたイエールでは、今も年に10万本の苗木が生産され、市内にはおよそ7000本の大きなヤシの街路樹が植えられている。

市街北の丘に、中世そのままの姿の**旧市街**がある。朝市が開かれるマシヨン広場に建つ**サン・ブレーズ塔**は12世紀のもの。

プロヴァンス伯の城跡がある丘の上に、1923〜33年に建てられた**ヴィラ・ノアイユ**がある。海を望む幾何学庭園や室内プールを持つ瀟洒な別荘で、マン・レイやコクトーらが訪れていた。設計者ロベール・マレ・ステヴァンスは、ル・コルビュジエら

ヴィラ・ノアイユ

とともに近代建築を推進した建築家で、アトリエや別荘などの洗練されたモダニスム住宅建築に才能を発揮した。

海岸には、前4世紀に古代ギリシャ人が築いた交易基地**オルビア遺跡**(→p.26)がある。パリ・リヨン駅からイエール行きTGVで4時間15分。トゥーロンからイエール行き列車で約20分。バスで約40分。

旧市街のマシヨン広場。優雅なイエールは海水浴場の俗っぽさがない。

Grasse グラース

　グラースは、カンヌの西北15kmほどの石灰岩の岩山の上にある。中世には、なめし革や石鹸を生産する小さな独立都市国家だった街には12〜18世紀の家が、斜面に重なるように並んでいる。

　16世紀に、天然香料で匂いを付けた皮革手袋が考案され、その後、ジャスミンやラヴェンダー、バラ、ミモザなどから抽出される香水の生産がおこなわれ、18世紀にグラースは最大の香水生産地となった。

　フラゴナール美術館は、ロココの画家フラゴナールが過ごした17世紀の館。彼は手袋・香水業者の家の出身である。

　パリ・リヨン駅からTGVでカンヌまで、約5時間10分。カンヌのバスターミナルから40分。ニースからの列車もあるが、グラース駅は山のふもとにあるのでバスがいい。

南仏独特のパン、フーガス

国際香水博物館

ルーベンスやフラゴナールの絵がある大聖堂と市庁舎（12世紀の旧司教館）の塔

南の光に惹かれた画家たち

　エクサン・プロヴァンスに生まれたセザンヌは、サント・ヴィクトワール山やエスタックの風景を描き続け、キュビスムへつながる近代絵画の先駆者となった。ブラックが1908年に描いた『エスタックの家並』などに、セザンヌの強い影響がみられる。

　リモージュ生まれのルノワール、パリ近郊出身のボナールやコクトー、ル・アーヴル生まれのデュフィ、そしてアンダルシアのマラガで生まれたピカソ……20世紀美術を支えた多くの画家たちが、明るい光に誘われてパリからミディにやって来た。

　オランダ生まれのゴッホがアルルに来たのは1888年の冬のこと。秋にはゴーギャンもやって来るが、12月の「耳切り事件」で共同生活は終わり、ゴッホは市内の病院（現在のエスパス・ヴァン・ゴッホ）に入院し、ゴーギャンはパリへ戻る。

　病的な発作が続いたゴッホは、翌年5月から1年間サン・レミの精神病院に入院。この間ゴッホはアルルとサン・レミで『ひまわり』や『糸杉』など多くの名作を描くが1890年パリ北郊オーヴェール・シュル・オワーズで、37年の生涯を終える。ゴーギャンは翌年、タヒチへ向かっている。

　ニースの丘に国立シャガール美術館がある。現在のベラルーシで生まれたユダヤ人シャガールが、旧約聖書をテーマに描いた17点の大作を中心にした美術館である。若い頃をパリで過ごし、いったん故郷に戻ったあと、30代後半から再びパリで暮らすが、1941年にはナチの迫害を避けてアメリカへ亡命、戦後パリに戻りフランス国籍を取ったのちに、後半生35年間をサン・ポール・ド・ヴァンスで過ごしている。

　シャガールは、故郷の情景やユダヤ教の象徴、人びとの愛と悲哀などを幻想的に描いたが、後半の作品の澄んだ色彩はやはり、地中海の光のなかで育まれたものだろう。

　ニースの丘の上にはもうひとつ、マチス美術館がある。北仏カトー・カンブレジに生まれたマチスは、50代半ばからニースで冬を過ごすようになり、晩年の大半をニースで暮らして、明るく純粋な色彩とシンプルな形態の作品を制作した。彼は「1月のニースの、あふれるような銀色の明るい光は、他所では得られない」と語っている。

　ヴァンスのロザリオ礼拝堂は、マチスが「芸術家としての人生のすべて」という、マチス芸術の集大成。白い静かな空間に、青・緑・黄のステンドグラスを通した外光があふれている。

シャガール美術館

マチスのロザリオ礼拝堂

Antibes アンティーブ

　アンティーブは、前4世紀にマルセイユのギリシャ人が築いた港町である。

　14世紀末からは、フランス王国とサヴォワ公国との境の要衝の地だった。ヨットの並ぶ旧港や海岸沿いには、10世紀、16世紀末～17世紀に築かれた要塞と分厚い岸壁が巡り、今は海辺の遊歩道になっている。

　アンティーブは花の生産でも知られ、旧市街は至るところが花で彩られている。

モザイク模様の石畳

　古い市場の裏手の海岸に**ピカソ美術館**がある。12世紀の要塞を、16世紀にモナコのグリマルディ家が城塞化したもの。1946年に城の一室をアトリエに借りたピカソの絵や彫刻を中心に、隣町ヴァロリスで制作した陶芸作品も展示されている。ピカソのアトリエだった展示室は、紺碧の地中海が見下ろせる気持ちのいい部屋だ。ピカソのほか、イヴ・クラインやニコラ・ド・スタール、ミロ、アルマンなどの作品もある。

　町からアンティーブ岬にかけての海岸は、豪壮な別荘が並ぶコート・ダジュールでも有数の高級リゾート地である。

　パリ・リヨン駅からTGVで約5時間30分。ニース・ヴィル駅からカンヌ方面行き急行で20分。

12世紀の塔がそびえるグリマルディ城（ピカソ美術館）

Menton マントン

　マントンは、東の岬を越えるとイタリアのリビエラ海岸という国境の町である(→p.12)。冬知らずの温暖な気候はオレンジなどの柑橘類に最適で、2月の**フェット・ド・シトロン**(レモン祭り)も知られている。

　14世紀にグリマルディ家の所領となり、フランス領となったのは1861年である。

　旧市街の高台に、ネオ・バロック様式の**サン・ミシェル教会**がある。明るい港を見下ろす教会前広場の風景は、もうほとんどイタリアの街である。

　17世紀イタリア風の**市庁舎の婚礼の間**は、漁師と魚、果樹園の女性を描いたジャン・コクトーの壁画で飾られている。

　1949年からヴィルフランシュに近いフェラ岬の友人の別荘に滞在したコクトーは、マントンを気に入り多くの作品を制作

教会前広場のイタリア風モザイク模様

した。海辺に建つグリマルディ家の17世紀の要塞が、**コクトー美術館**になっている。

　12世紀のイタリア絵画から現代作品までを展示する**美術館パレ・カルノレス**は、モナコ大公の元離宮で、庭園に多様な柑橘類が植えられている。

　パリ・リヨン駅からヴェンチミリア行TGVで約6時間。ニースから急行で40分。

コクトー美術館のモザイクは教会前のモザイクの影響を受けたという

プロヴァンス・アルプ・コート・ダジュール

CORSE
コルス（コルシカ）

　「地中海に浮かぶ山」「麗しの島」といわれるコルスは、面積8680km²、四国の半分弱の大きさの島である。

　コルシカはイタリア語で、フランス語ではコルス、コルシカ語ではコルシガ、またはア・ゴルシガという。

　標高2710mのチント山をはじめ2000m級の山々が海に落ち込み、美しい海岸線を造っている。島の西北から南東にかけて並ぶ山々の北部が、バスティアを都とするオート・コルス県、南はアジャクシオに県庁を置くコルス・デュ・スュッド県である。

　バスティアから山あいの古都コルテを経由してアジャクシオまで島を縦断する本線と、途中のポンテレッチャから西海岸の小さな要塞都市カルヴィへの分岐線とを、小さなコルシカ鉄道が連絡している。

　ケルトに共通する**ドルメン**や**石柱**など、先史時代の遺跡も多く、島の南端で出土した「**ボニファチオの女性像**」は、前7世紀のものとされる。

　ギリシャやカルタゴなどが島の支配を争い、前3世紀頃から5世紀まではローマ領

バスティア旧港

島の中央、分水嶺の山々

となったが、その後イスラーム帝国などの侵入に、先住民たちは、山中のマキと呼ばれる灌木地帯に避難し、小規模な村落で自給自足の生活をしていたという。

11世紀にピサが統治するが、沿岸に城塞都市を建造したジェノヴァが、13世紀に支配を確立する。現在のコルシカの町の大半は、ジェノヴァ時代に建設されている。

島民はたびたびジェノヴァに対する反乱を起こし、1729年からのコルシカ独立戦争の結果、55年に独立運動の指導者パスカル・パオリが独立政府を樹立、国歌や国旗、憲法、通貨、大学、徴兵制など、近代国家としての制度化を進めたが、ジェノヴァから統治権を譲られたフランスに1769年に制圧され、パオリはイギリスに亡命する。コルシカでは現在も民族主義運動が続いていて、フランス治安当局との間で断続的に争いが起こっている。

住民の日常語はフランス語だが、学校教育や放送などではコルシカ語も使われている。多声の男声合唱ポリフォニーに代表される独自の民族文化も生きている。

豚肉燻製品、クリの粉で作る菓子類、ワインや山羊チーズが特産品である。

バスティア裏町の八百屋

Ajaccio アジャクシオ

コルス地域圏の都で、コルス・デュ・スュッド(南コルシカ)の県都アジャクシオは、皇帝ナポレオンの出身地として知られている。黄土色、バラ色、黄色の家並みが、美しい入江に面して並ぶ明るい港町である。

アジャクシオの**旧市街**は、15世紀末からジェノヴァの植民都市として造られ、当時は地元民の居住が許されなかったという。

独立コルシカがフランス軍に制圧された1769年、旧市街の路地に建つ簡素な家で、ナブリオーネ・ブオナパルテ、のちの皇帝ナポレオン・ボナパルトが生まれた。祖先は北イタリア、ロンバルディア地方の出である。

海に向かってヤシやプラタナスが並ぶマレシャル・フォッシュ広場にはナポレオン

アジャクシオの中心マレシャル・フォッシュ広場

像が立ち、広場に面した市庁舎の一角には**ナポレオン博物館**がある。また、19世紀にナポレオンの叔父フェッシュ卿が建てた館にある**フェッシュ美術館**には、14～16世紀のイタリア絵画とともに、ナポレオンの遺品が展示されている。

パリからはオルリー空港発の飛行機が便利。約1時間。ニースからの高速フェリーで約4時間。マルセイユからの夜の船は10～12時間。

コルシカの総人口は26万人。アジャクシオは5万3000人弱。

Corte コルテ

　島のほぼ中央にある坂道と階段の町コルテは、パスカル・パオリが独立を宣言した1755年から11年間「独立コルシカ」の首都だった要塞都市である。

　パオリの像が立つパオリ広場が町の中心。小さなガフォリ広場にはパオリの前の独立運動家ガフォリの隠れ家があり、ジェノヴァ軍による銃痕が遺っている。

　鷲の巣と呼ばれる塔と牢獄跡は9世紀のもの。眼下にタヴィニャーノ渓谷を見下ろす崖の上の、15世紀の城塞跡の見晴し台からは、雄大な山並を展望できる。

　19世紀の堡塁の下に、コルシカの生活や産業、民具などを展示する**コルシカ博物館**があり、博物館の下には独立時代のコルシカ政府が置かれた館**パラツォ・ナズィナーレ**(国民宮殿)がある。ここにはパオリが設置した大学もあったが、今は1981年に設置された**パスカル・パオリ大学**の人文科学研究施設になっている。

　アジャクシオからコルシカ鉄道(CFC)でコルテまで2時間。バスティアからコルテは1時間40〜50分。

コルテは今も民族運動の中心地

コルテの人口は約6000人。平均標高は600mほど。

Bastia バスティア

　オート・コルス県の県庁所在地バスティアは、島の東北部に突き出た半島カップ・コルスの付け根に位置する港町である。

　この町の名は、1378年にジェノヴァの提督が築いた要塞塔「**バスティア**」が起源である。その後ジェノヴァ共和国領となったコルシカの中心都市として発展した。

　現在、近郊を含め約5万3000人の人口はアジャクシオを上回り、本土やイタリアとを結ぶ港町としてにぎわいをみせている。

　ライバルのアジャクシオが明るく陽気な印象なのに対し、バスティアはジェノヴァの下町に似た庶民的な雰囲気がある。

　さほど広くないバスティアの街だが、大きく表情が異なる三つの地区がある。

　まず、町の北部にあるコルシカ鉄道の駅から大型フェリーが発着する港にかけての一帯は、1768年のフランス併合後に造られた行政・商業の中心地区。波止場沿いの広大なサン・ニコラ広場では、日曜に大規模な朝市が開かれる。

　サン・ニコラ広場の南から旧港北側にかけた街区は「**テラ・ヴェッキア**」と呼ばれている。ジェノヴァ統治時代の16〜17世紀に格子状の直線街路が造られ、旧港脇に建つ二つの鐘楼を持つ**サン・ジャン・バティスト教会**をはじめ、多くのバロック建築が遺されている。

　小さな漁船とヨットやモーターボートが浮かぶ旧港や、教会横の旧市庁舎前広場には、アズィミーヌというコルシカ風ブイヤベースやイワシのファルシを食べさせるレストランやカフェが軒を並べている。

　旧港南側の高台は「**テラ・ノーヴァ**」と

サント・マリ教会前の広場

呼ばれ、14世紀末から1世紀かけて造られた堅固な城壁で囲まれた城塞地区である。

丸石がモザイク模様を描く小さな広場に面した**サント・マリ教会**は、バスティア最古のバロック建築教会。1803年から05年まで、この教会前の家に、ナポレオン配下の軍人として赴任していた父親と幼いヴィクトル・ユゴーが住んでいた。

ジェノヴァの支配が確立したのちの16世紀初めに設置されたジェノヴァ総督府の庁舎が、**コルシカ民俗博物館**になっている。先史時代の出土品から、かつてのジェノヴァの入植者の栄華を示す生活民具、民芸、産業、政治などの歴史資料などがある。城塞からの旧港の眺めも格別である。

バスティア南郊の、地中海を見渡す山上に、濃緑色と白い石の縞模様が印象的な**サン・ミシェル・ド・ミュラート（サン・ミケーレ・デ・ムラート）教会**が建っている。12世紀にイスラーム帝国からコルシカを奪回

旧港とテラ・ヴェッキア地区

したピサ共和国が、キリスト教の布教のために建造した多くのロマネスク教会のひとつで、1280年に建てられた末期ピサ・ロマネスク様式の建築。14世紀に描かれた『受胎告知』のフレスコ画がある。

アジャクシオ同様、パリからはオルリー空港発の飛行機が便利。約1時間。ニースからの高速フェリーで約5時間20分。マルセイユからの夜の船は10〜12時間。

バスティアからサン・ミシェル・ド・ミュラート教会へは、タクシーで約15分。

475mの山頂に建つサン・ミシェル・ド・ミュラート教会

旅の終わりに ——あとがきにかえて

　中央の山並から南への旅は、どうでしたか。
　北のフランス各地にも、もちろん多様な顔つきがあるのですが、南の各地には、それにも増して、さまざまな姿が地域ごとにひそんでいるように思います。エコロジカルな生活、ということはこれからの社会にとって重要な課題ですが、そうした人間と自然との豊かなやり取りを感じさせるものが、南の各地にはある、そういう感じがします。
　しばらく前まで南のフランスは、近代化の後れた地域と見なされるむきがありました。たしかに山間部の農業地域では、離村現象と過疎化は大きな問題でありつづけています。しかし他方、せわしない現代社会の疎外状況からすると、豊かな自然に恵まれ、森や山や水と、そして海と接しながら人びとが紡いできた歴史的営みは、たいへんゆったりした生命の豊饒さを感じさせるものがあるようです。たしかにフランス内部でも、南の各地がたどってきた歴史はきびしいものでした。しかし、歴史はしっかり継承しながらも、鬱陶しい過去を乗り越えていくような人間のたくましさを感じるのは、勝手な思い込みでしょうか。歴史の旅をしてみた皆さんは、どう感じておられるでしょうか。
　本文でも何回かふれていますが、本書には、いわば姉妹篇が２冊あります。一つは文字通りセットになっている『フランス１　ロワール流域から北へ』で、本書との２冊でフランス全域の歴史の旅がカバーされることになります。もう一冊は『パリ　建築と都市』で、とりわけ内容豊富なパリの歴史と都市空間、多様な建築を訪ねる町歩きが楽しめるように、首都への歴史の旅の案内です。日本語の参考文献といってもあまりありませんので、さしあたり姉妹篇２冊にあげたものにゆずりましょう。フランス語ができる方には、ミシュランの地域別ギッド・ヴェール（緑の表紙のガイドブック）がお薦めです。ただ最近の版は、歴史や文化の記述が簡略になっているのが残念に思います。
　プロヴァンスだけ、とか、地域を限った観光案内はあるでしょうが、本書のように南のフランス各地へ歴史の旅をしようという本は、ほかには見たことがありません。フランスの歴史を南に焦点をあわせて通観してみる、というⅠ部も、あまり前例のないもののように思われます。それを担当した福井は、じつはⅡ部のすべての土地に行ったわけではないのですが、Ⅱ部と写真を担当した稲葉は、20年以上フランスに住んで、すべて自分でまわって取材し写真を撮っています。現地リポートといったところです。たまに実現した共著者二人での旅は、いわば歴史とアートのプロの掛け合い漫才ですから、双方にとってたいへん刺激的なものでした。皆さんもどうぞお仲間と連れ立って、歴史の旅をさらに楽しんでくださいますように。

■索引

<地名>

●ア行

アヴィニョン	3, 18, 45, 47, 48, 50, 151, 164, 165
アヴェロン(県)	73, 74, 117, 130, 139
アキテーヌ(地方)	11, 39, 44, 76, 96, 100-102, 115
アキテーヌ博物館(ボルドー)	21, 103
アキテーヌ平野	10
アキテーヌ門(ボルドー)	103
アジャクシオ	70, 182, 184, 186
アジャン	101
アドゥール川	108
アドリアン・デュブシェ美術館(リモージュ)	118
アヌシー	152, 157
アヌシー城博物館	157
アフリカ・オセアニア・アメリカ博物館 (マルセイユ)	173
アブリ・ド・クロマニョン洞窟	110
アブリ・ド・ポワッソン	111
アブリ・パトー遺跡	110
アリエ(川)	116, 125, 141
アリエ県	117, 122, 123
アリエージュ県	131
アリスカン(アルル)	168
アルカション	101
アルデーシュ県	153
アルビ	41, 76, 130, 131, 136, 137
アルビジョワ地方	130
アルフォンス・ドーデの生家(ニーム)	151
アルプス(山脈、地方)	10, 14, 16, 54, 152, 157, 158, 160-162
アルプ・ド・オート・プロヴァンス県	162
アルプ・マリティーム県	163
アルベールヴィル	152
アルマニャックの博物館(コンドム)	131
アルラタン博物館(アルル)	169
アルル	18, 27, 30, 50, 52, 163, 166, 168-170, 179
アレス	74
アングレーム	49, 50, 92, 93, 97
アングレーム美術館	93
アン県	153
アンティーブ	180
イエール	177
イエール海岸	26
イゼール川	112, 158
イゼール県	65, 79, 152, 158
イソワール	57, 124, 125
イル・ド・レ(レ島)	93
イル・ドレロン(オレロン島)	93
印刷博物館(リヨン)	154
ヴァノワーズ国立公園	17
ヴァランス	70
ヴァラントレ橋(カオール)	133
ヴァール県	163, 176
ヴァロリス	180
ヴァンス	179
ヴィヴァレ	54
ヴィエンヌ	18, 153
ヴィエンヌ川	118
ヴィエンヌ県	92, 94
ヴィシー	80, 81, 117, 123
ヴィジル	64
ヴィラ・ウージェニー(ビアリッツ)	109
ヴィラ・ノアイユ(イエール)	177
ヴィラ・リュミエール(リヨン)	155
ヴィルヌーヴ・レ・ザヴィニョン	165
ヴェゼール川	22, 110, 113
ヴェゾン塔(ペリグー)	112
ヴォクリューズ県	162, 164
ヴュー・ポール(マルセイユ)	172
エヴィアン	83, 152
エギーユ・デュ・ミディ	160
エクサン・プロヴァンス(エクス)	50, 55, 62, 63, 65, 88, 163, 171, 179
エクス・レ・バン	152
エスパス・ヴァン・ゴッホ(アルル)	179
エスパス・ブラサンス(セト)	148
エスプラナッド・デ・カンコンス(ボルドー)	103
エロー県	141, 149
円形闘技場(アルル)	168
円形闘技場(サント)	30, 96
円形闘技場(ニーム)	31
オーヴェルニュ	39, 57, 73, 76, 79, 116, 117, 120, 124, 125, 130, 141
大時計の門(ラ・ロシェル)	98
オーギュスタン美術館(トゥールーズ)	135
オート・ヴィエンヌ県	117
オート・ガロンヌ県	130
オード川	76, 142
オード県	141
オート・コルス県	182, 186
オート・サヴォワ県	152, 157
オート・ザルプ県	65, 162
オート・ピレネ県	131
オートリヴ	153
オート・ロワール県	117, 125, 128
オニス	57
オピドゥム・アンセリュヌ	24, 26, 141
オペラ座(リヨン)	154
オラドール	119
オランジュ	5, 166, 167
織物博物館(リヨン)	154
オールネイ	92
オルビア遺跡(イエール)	26, 177
オルブ川	145
オレロン島	98

●カ行

凱旋門(オランジュ)	166
凱旋門(サント)	30, 31
凱旋門(モンペリエ)	149
海洋博物館(トゥーロン)	176
海洋博物館(ラ・ロシェル)	98
カオール	51, 131, 133
カシス(カシ)	162
ガスコーニュ	57, 100

カタロニア(カタルーニャ)	35, 37, 63, 140, 144, 149
カップ・コルス	186
カニグー山	17, 144
カピトール広場(トゥールーズ)	135
カマルグ	18, 168-170
紙の博物館(アングレーム)	97
ガラビの鉄橋	117
カルヴィ	182
カルヴェ美術館(アヴィニョン)	165
カルカソンヌ	31, 76, 115, 141-143
ガール県	77, 79, 141, 150, 165
ガルドン川	151
カルモー	74
カレ・ダール(ニーム)	31, 150, 151
ガロンヌ川	10, 11, 16, 101, 102, 105, 130, 132, 135, 145
カンタル県	117
カンヌ	16, 163
ギュイエンヌ	50, 57, 103
キュキュニャン村	36, 37, 44
教皇宮殿(アヴィニョン)	164, 165
共同浴場跡(アルル)	168
共同浴場跡(サント)	96
鎖の塔(ラ・ロシェル)	56, 98
グラーヴ岬	101
グラース	59, 60, 163, 178
グラネ美術館(エクサン・プロヴァンス)	171
グラン・テアトル(ボルドー)	103
グラン・フォコニエ館(コルド)	138
クルーズ県	117
グールドン	131
グルノーブル	62, 64, 152, 158
グルノーブル美術館	159
クレルモン	40, 120
クレルモン・フェラン	75, 117, 120, 121
クレン川	94, 95
クロザチエ博物館(ル・ピュイ)	128
グロス・クロシュ(ボルドー)	103
クロワ・ルス(リヨン)	74, 155
ケリビュス(城址)	44, 141
考古学博物館(サン・テミリオン)	104
考古学博物館(ニーム)	151
鉱物博物館(イソワール)	124
国際香水博物館(グラース)	178
国際マンガセンター(アングレーム)	97
コクトー美術館(マントン)	181
国立自然史博物館別館(セリニャン)	167
国立シャガール美術館(ニース)	117
国立先史博物館(レ・ゼジ)	22, 23, 110
コスケール海中洞窟(カシス)	162
古代アルル・プロヴァンス博物館	169
古代劇場(オランジュ)	166
コート・ダジュール	82, 162, 163, 176, 177, 180
コニャック	93
コリウール	141
コルシカ(コルス)	54, 63, 70, 93, 167, 182-184, 186
コルシカ博物館	185
コルシカ民俗博物館	187
コルス・デュ・スュッド県	182, 184
コルテ	182, 185
コルド・シュル・シエル(コルド)	115, 138
コルビエール	36, 37, 77, 140, 144
コレーズ県	117
コンク	53, 73, 132, 139
コンタル城(カルカソンヌ)	143
コンドム	131

●サ行

サヴォワ	54, 153, 156, 157, 163
サヴォワ博物館	156
鮭と渓流の家(ブリウッド)	125
サルラ・ラ・カネダ	113
サン・オストルモワーヌ修道院教会(イソワール)	57, 124
山岳博物館(シャモニー)	160
サン・サヴァン修道院	92
サン・サセルド大聖堂(サルラ・ラ・カネダ)	113
サン・ジャン洗礼堂(ポワチエ)	95
サン・ジャン大聖堂(ナルボンヌ)	45
サン・ジャン大聖堂(リヨン)	154
サン・ジャン・ド・リュズ	109
サン・ジャンの塔(カオール)	133
サン・ジャン・バティスト教会(バスティア)	186
サン・ジャン・バティスト教会(ビアリッツ)	109
サン・ジャン・バティスト大聖堂(ペルピニャン)	144
サン・ジュネ教会(ティエール)	121
サン・ジュリアン聖堂(ブリウッド)	125
サン・ジュリアンの泉(ブリウッド)	125
サン・セルナン聖堂(トゥールーズ)	33, 135
サン・タンドレ教会(ニオール)	93
サン・タンドレ大聖堂(ボルドー)	39, 102
サン・ティリエ・ラ・ペルシュ	119
サン・ティレール・ル・グラン教会(ポワチエ)	95
サン・テチエンヌ大聖堂(リモージュ)	118
サン・テチエンヌ	75, 79, 153
サン・テチエンヌ大聖堂(カオール)	51, 133
サン・テチエンヌ・ド・ラ・シテ教会(ペリグー)	112
サン・テニヤス峠	109
サン・テミリオン	104, 107
サン・テュトロプ教会(サント)	96
サント	30, 31, 48, 50, 93, 96
サント・ヴィクトワール山	171, 179
サント・クロワ美術館(ポワチエ)	95
サント・セシル大聖堂(アルビ)	136
サント・フォワ修道院(コンク)	53, 139
サント・マリ教会(バスティア)	187
サント・マリ修道院(サント)	48, 96
サント・マリ大聖堂(バイヨンヌ)	108
サント・マリ・ド・ラ・メール	169
サン・トロフィーム教会(アルル)	52, 168, 169
サントンジュ	57, 96
サン・ナゼール大聖堂(カルカソンヌ)	143
サン・ナゼール大聖堂(ベジエ)	38, 145
サン・ニコラ塔(ラ・ロシェル)	56, 98, 99
サン・ピエール修道院教会(モワサック)	132
サン・ピエール大聖堂(アヌシー)	157

190

サン・ピエール大聖堂(アングレーム)	49, 97
サン・ピエール大聖堂(サント)	96
サン・ピエール大聖堂(ポワチエ)	95
サン・ブレーズ塔(イエール)	177
サン・フロン大聖堂(ペリグー)	112
サン・ベネゼ橋(アヴィニョン)	164
サン・ポール・ド・ヴァンス	179
サン・ミシェル聖堂(ボルドー)	102
サン・ミシェル教会(マントン)	181
サン・ミシェル・デギュイユ礼拝堂(ル・ピュイ)	129
サン・ミシェル・ド・キュクサ修道院(ピレネ)	141
サン・ミシェル・ド・ミュラート教会(バスティア)	187
サン・レミ	179
サン・ローラン教会(グルノーブル)	159
ジェール県	131
自然史博物館(マルセイユ)	173
自然史博物館(ラ・ロシェル)	99
市庁舎の婚礼の間(マントン)	181
ジャコバン修道院(トゥールーズ)	134, 135
ジャス・ド・ブッファンの家(エクス)	171
シャモニー	14, 152, 160, 161
シャラント川	30, 96, 97
シャラント県	92, 93, 97
シャラント・マリティーム県	92
シャンベリー	152, 153, 156
ジャン(ヨハネ)12世の塔(カオール)	133
ジュネーヴ	18, 19, 57, 152
ジロンド川	101
ジロンド県	69, 100, 102, 105
新世界博物館(ラ・ロシェル)	99
水道橋(モンペリエ)	149
スタンダールの家(グルノーヴル)	158, 159
スタンダール博物館	158
スルス公園(ヴィシー)	123
セヴェンヌ(山地)	58, 74, 140, 151
セーヴル川	93
セザンヌのアトリエ(エクス)	171
セト	60, 61, 77, 148
セリニャン・デュ・コンタ	167
ソーヌ川	18, 26, 30, 82, 152-154

●タ行

大野外劇場跡(リヨン)	154
タヴィニャーノ渓谷(コルテ)	185
タルン・エ・ガロンヌ県	130
タルン川	41, 76, 132, 136, 141
タルン県	130, 136
ダンテルの館(ブリウッド)	125
地下聖堂モノリト教会(サン・テミリオン)	104
地中海考古学博物館(マルセイユ)	173
中央山地	16, 37, 40, 50, 72, 76
チント山(コルシカ)	182
ディアスの神殿(ニーム)	150
ディアマンテ館(マルセイユ)	173
ティウ運河(アヌシー)	157
ティエール	79, 121
テッラ・アマタ(ニース)	20

ドゥカズヴィル	74
ドゥ・セーヴル	92
トゥールーズ	18, 32, 33, 50, 62, 76, 88, 130, 134, 136
トゥールーズ・ロートレック美術館(アルビ)	136
ドゥルドゥ川の橋(コンク)	139
トゥール・ペレ(グルノーブル)	159
トゥーロン	16, 70, 71, 82, 163, 176
ドック・ロメン博物館(マルセイユ)	173
ドーフィネ(地方)	54, 57, 64, 65, 82, 158
ドーフィノワ博物館(グルノーブル)	159
ドム	101, 114, 115
ドルドーニュ川	22, 90, 101, 113, 114
ドルドーニュ県	21, 100, 101, 110, 112, 115
ドローム(県)	65, 152, 153

●ナ行

ナポレオン博物館(アジャクシオ)	184
ナルボンヌ	27, 38, 45, 76, 141
ニーヴ川	108
ニオール	93
ニース	16, 20, 54, 55, 88, 163, 179
ニーム	30, 31, 37, 58, 60, 88, 149-151, 168
ニーム歴史博物館	151
ノートルダム大聖堂(ル・ピュイ)	53, 128
ノートルダム・デュ・ポール聖堂(クレルモン・フェラン)	120
ノートルダム・ド・フルヴィエール聖堂(リヨン)	154
ノートルダム・ド・ラ・ガルド聖堂(マルセイユ)	61, 172
ノートルダム・ド・ラサンプシオン大聖堂(クレルモン・フェラン)	120
ノートルダム・ラ・グランド教会(ポワチエ)	94
ノルマンド門(ペリグー)	112

●ハ行

バイヨンヌ	50, 60, 108
PACA (パカ)	162, 172
バス運河(ペルピニャン)	144
バスク	63, 100, 101, 108, 109
バスク博物館(バイヨンヌ)	108
バスチーユ要塞(グルノーブル)	158, 159
バスティア	182, 183, 186, 187
バス・ナヴァール	54
刃物博物館(ティエール)	121
パラッツォ・ナズィナーレ(コルテ)	185
バルバカン(カオール)	133
パレ・イデアル(理想宮)	153
パレ・カルノレス(マントン)	181
パレ・ド・ラ・ベルビ(アルビ)	136
ビアリッツ	11, 109
ピエール橋(ボルドー)	16, 103
ピカソ美術館(アンティーブ)	180
ピュイ・ド・ドーム	117, 120
ビル・アケム門(ボルドー)	103
ピレネ(山脈)	10, 16, 17, 27, 36, 37, 52-54, 101, 108, 109, 130, 140-144, 151
ピレネ・ザトランティク県	100, 108, 109
ピレネ・ゾリアンタル県	141, 144

ピレネ山麓の洞窟群	131
ファーブル美術館(モンペリエ)	149
フェッシュ美術館(アジャクシオ)	184
フェラ岬(マントン)	181
フォレ	54
フォワ	131
フォンゼランヌの水門(ベジエ)	145
フォン・ド・ゴーム洞窟	111
プチ・パレ美術館(アヴィニョン)	165
ブッシュ・デュ・ローヌ県	162, 172
フネストレル塔(ユゼス)	58
フュチュロスコープ(ポワチエ)	95
フラゴナール美術館(グラース)	178
ブラード	141
ブリアンソン	162
ブリーヴ	72, 73
ブリウッド	125
フルヴィエール(リヨン)	154
ブルス広場(ボルドー)	64, 103
ブルボネ地方	117, 122
ブルボン・ラルシャンボー	122
プロヴァンス(地方)	5, 37, 44, 54, 55, 62, 70, 76, 77, 150, 152, 162, 166, 169, 171, 176
ベアルン(地方)	54, 62, 63, 109
ベジエ	26, 38, 44, 141, 145, 147, 149
ペリゴー	112
ペリゴール地方	76, 100, 101, 110-112
ペルピニャン	35, 37, 141, 144
ペールペルチューズ(城址)	42, 141
ポー	62, 109
ボージョレ(地方)	54, 75, 153
ボーモン公園(ポー)	109
ポール・ヴァレリー博物館(セト)	148
ボルドー	11, 16, 21, 39, 50, 54, 60, 62, 64, 69, 71, 73, 76, 77, 81, 88, 102, 103, 105
ポール・ミストラル公園(グルノーブル)	159
ポワチエ	92, 94, 95
ポワトゥ	57
ポワトゥ・シャラント地方	92, 94
ポン・ヴュー(アルビ)	41, 136
ポン・デュ・ガール	28, 30, 141, 151
ポンテレッチャ	182

● マ行

マシフ・サントラル(中央山地)	10, 117
マジョール大聖堂(マルセイユ)	173
マチス美術館(ニース)	179
マーニュの塔	151
マヨルカ王の宮殿(ペルピニャン)	144
マルセイユ	16, 50, 51, 60, 66, 68-71, 73, 81-83, 85, 88, 105, 134, 148, 162, 172, 173, 175, 180
マンドランの家(ブリウッド)	125
マントン	12, 16, 163, 181
ミシュランの冒険(クレルモン・フェラン)	120
ミディ運河	18, 60, 61, 143, 145, 147, 148
ミディ・ピレネ(地方)	115, 117, 130
ミネルヴォワ	77, 140
メイエ	116, 117
メゾン・カレ(ニーム)	31, 50, 151

メゾン・ド・モンターニュ(シャモニー)	160
メール・ド・グラス(シャモニー)	160, 161
モワサック	132
モンジュネーヴル峠	54, 162
モンタディ	27
モンタンヴェール	161
モンティニャック	21, 110, 111
モントーバン	76, 130
モンド・マルザン	101
モンパジエ	115
モンフェラン	120
モンブラン	16, 160
モンペリエ	9, 26, 75, 76, 87, 88, 149

● ヤ行

野外劇場跡(アルル)	168
ユゼス	58
要塞イフ島(マルセイユ)	172
要塞塔トゥール・ロワイヤル(トゥーロン)	176
要塞門カスティエ(ペルピニャン)	144

● ラ行・ワ行

ラ・シテ・ラデューズ	173, 175
ラスコーⅡ	21, 111
ラスコー洞窟	21, 22, 101, 110, 111
ラピデール美術館(アヴィニョン)	165
ラ・フォンテーヌ庭園(ニーム)	150
ラ・ボエシーの生家(サルラ)	113
ラ・ロシェル	11, 56-58, 93, 98, 99
ラングドック	30, 31, 38, 44, 45, 50, 57, 76, 77, 148
ラングドック・ルシヨン	140, 149
ランケ博物館(クレルモン)	120
ランテルヌ塔(ラ・ロシェル)	98
ランド県	100, 101
リムーザン	39, 61, 72, 73, 116, 117
リモージュ	73, 117-119, 179
リヨネ(地方)	54, 153
リヨン	10, 18, 27, 30, 37, 50, 54, 60, 69, 70, 73-75, 79, 81, 82, 88, 134, 153, 154, 156, 166, 172
リヨン美術館	154
リル宮殿(アヌシー)	157
ル・ヴェルデュリエ(リモージュ)	119
ルシヨン	37, 54, 76, 77, 141
ルシヨン平野	144
ル・ピュイ・アン・ヴレ	53, 117, 127-129
ルルド	131
レアチュー美術館(アルル)	169
歴史博物館(アヌシー)	157
レ・ゼジ	22, 23, 110, 111
レ島	98
レ・ボー	170
レマン湖	18, 152
ロザリオ礼拝堂(ヴァンス)	179
ロジュリー・オート洞窟	111
ロジュリー・バス洞窟	111
ロゼール県	141
ロート・エ・ガロンヌ	100
ロート(川)	131, 133, 141
ロート県	51, 131, 133

ローヌ・アルプ地方	152, 161
ローヌ(川)	16, 18, 22, 26, 30, 38, 50, 54, 70, 76, 82, 150, 152-154, 162, 164, 168, 169
ローヌ県	153
ローマ神殿の遺跡(オランジュ)	166
ロマネスク美術センター (イソワール)	124
ロワール(川)	10, 27, 32, 36, 51, 64, 92, 152
ロワール県	79, 153
ロンシャン宮(マルセイユ)	66, 173
鷲の巣(コルテ)	185

<人名>

●ア行

アウグストゥス	27, 30, 166
アリエノール	105
アルマン	180
アングル	130
アンリ(プランタジュネ)	48, 105
アンリ2世	55
アンリ4世	57, 58, 109
ヴァレリー(ポール・)	148
ヴィオレ・ル・デュク	142
ヴェロネーゼ	159
ウッチェロ	156
ウルバヌス2世	40
エッフェル	117
エドワード2世	50
エドワード3世	50
大杉栄	167
奥本大三郎	167
オドアケル	32

●カ行

カエサル	23, 162, 166
カザルス(パブロ・)	141
ガフォリ	185
カール5世	55
ガルニエ(トニー・)	155
カール・マルテル	36
クライン(イヴ・)	180
クールベ	149
クレー	159, 171
クレメンス5世	48
クロヴィス	33, 36
ゲルマニクス	30, 96
ゴーギャン	168, 179
コクトー(ジャン・)	170, 177, 179, 181
ゴッホ	168, 179
コルベール	58, 148
コンスタンチヌス大帝	95

●サ行

シモン・ド・モンフォール	44
シャガール	179
シャルル5世	50
シャルル6世	51
シャルル7世	51, 95
シャルル8世	54, 55
シャルルマーニュ(カール大帝)	20, 36, 37, 52, 54
ジャン2世	50
ジャンヌ・ダルク	51, 95
シュヴァル	153
シューマン(ロベール・)	86
ジョレス	74
聖ヤコブ	52
セザンヌ	171, 179
セルナン(司教)	32
ゾラ	73, 171

●タ行

ダ・ヴィンチ(レオナルド・)	56
ダリ	144
ダンジュヴィル	19
チュルゴ	61, 64, 118, 119
ティツィアーノ	156
ティベリウス	30
デュ・ゲクラン	51
デュフィ	179
デュマ	172
ドゥーメルグ	85
トクヴィル(アレクシス・ド・)	85
ドゴール	81-83, 86
ド・スタール(ニコラ・)	180
ドーデ(アルフォンス・)	37
ド・メーストル(グザヴィエ・)	153
ド・メーストル(ジョゼフ・)	153
トリュフォー	121

●ナ行

ナポレオン(ボナパルト、1世)	16, 70-72, 123, 162, 176, 184, 187
ナポレオン3世	85, 109, 123

●ハ行

パオリ(パスカル・)	183, 185
パカール(ミシェル・ガブリエル・)	160
バジール	76
パスカル	120
バルナーヴ	65
パルマ(ジャック・)	160
ハンニバル	26, 162
ピカソ	169, 171, 179, 180
ファーブル(ジャン・アンリ・)	167
フィリップ2世(オーギュスト)	41
フィリップ3世	114
フィリップ4世	41, 48, 50
フィリップ6世	50
フェッシュ	184
フォスター(ノーマン・)	31, 150
フラゴナール	178
ブラサンス(ジョルジュ・)	148
ブラック	179
フランソワ1世	55, 56
ブリアン	86
ベコー(ジルベール・)	176

ペタン	80, 123
ベリー公ジャン	95
ペレ兄弟	159
ヘンリ2世	44, 48, 105
ヘンリ3世	104
ヘンリ6世	51
ボッティチェルリ	165
ボナール	159, 179
ボフィル（リカルド・）	88, 149

● マ行

マザラン	58
マチス	159, 179
マリ・テレーズ	109
マルチヌス（マルタン）	32
マレ・ステヴァンス（ロベール・）	177
ミストラル（フレデリック・）	169
ミッテラン	87
ミラボー	65
ミロ	159, 180
ムーラン（ジャン・）	81
メリメ（プロスペル・）	31, 142
モネ（ジャン・）	86
モンテスキュー	62
モンテーニュ	113

● ヤ・ラ行

ユゴー（ヴィクトル・）	187
ユリアヌス（ジュリアン）	125
ラヴェルディ	64
ラファイユ	99
リケ（ポール・）	145
リシュリュ	57, 58, 98, 99, 170
リュミエール兄弟	75, 155
ルイ2世（ブルボン公）	122
ルイ8世	45, 104
ルイ9世	40, 41, 45
ルイ12世	55
ルイ13世	57, 58
ルイ14世	58, 109, 148
ルイ16世	61, 64
ル・コルビュジエ	155, 173, 177
ルージェ・ド・リール	68
ルソー（ジャン・ジャック）	70, 156, 157
ルター	56
ルノワール	179
ルーベンス	159, 171, 178
レイ（マン・）	177
レモン4世	40
レモン5世	44
ロートレック	136

<その他>

● ア行

アラゴン王国	143, 144
アルジェリア百年祭	85
アルビジョワ（十字軍）	39-45, 135, 138, 143, 145
アルビジョワ派	115
アルマニャック派	51
イタリア戦争	54, 56
ヴァロワ家	55, 58
ヴァロワ朝	50
ヴィシー政権（政府）	80, 123
エマイユ（七宝焼）	118, 119
エリゼ条約	86
オイル語	19, 33, 38
オーヴェルニュ人	117, 131
オック語	19, 33, 37-39, 63, 140
オピドゥム	26

● カ行

海外県（DOM）	89
海外領土（TOM）	89
革命	64, 65, 68-70
カタリ派	39, 41, 44, 45, 135, 136, 141, 143, 145
カタロニア語	37, 63, 140
カタロニア人	144
カニュ	74
カペ朝	37, 39, 41, 50
カミザールの反乱	58
ガリア	26, 27, 32, 33, 36, 120
ガリア・アクイタニア	27
ガリア・コマタ	23, 30
ガリア人（ケルト人）	23, 26, 27, 30, 32
ガリア・ナルボネンシス	27
ガリア・ベルギカ	27
ガリア・ルグドゥネンシス	27
ガリカニスム	48
カロリング朝	36
ガロ・ローマ期（時代）	105, 112, 122, 123, 134, 139, 142, 143, 145, 149, 151, 153, 154, 162, 168
ガロ・ローマ（社会）	30, 32, 33
瓦の戦い	64
教皇庁（法王庁）	18, 45, 48, 56
教皇庁（アヴィニョン）	164
グリマルディ家	180, 181
クレオール語（文化）	89
クレディ・リヨネ	74
クロマニョン人	22, 100, 110, 111
ケルト	63, 122, 165, 182
ゲルマン民族大移動	32
高等法院	62, 64, 65, 69
コニャック（ブランデー）	93
コルシカ語	182, 183
コンスタンツ宗教会議	45

● サ行

サヴォワ公国	156, 163, 180
サンチャゴ・デ・コンポステラ	52, 92, 95, 108, 125, 129, 133, 139, 168

サン・マロ＝ジュネーヴ線	19
シェンゲン協定	88
ジャカード織	75
宗教戦争	58, 98, 114, 149, 170
十字軍	40, 45, 120
巡礼祭り	169
ジョングルール	39

●夕行

大分裂	45
地方長官（アンタンダン）	61, 103, 118, 119
月の港ボルドー	103
テルミドール反動	71
冬季オリンピック	152, 160
トゥールーズ伯	40, 44, 115, 134, 135, 138, 143
トゥール・ポワチエ間の戦い	94
独立コルシカ	184, 185
トラブール	155, 156
ドルイド	23
トルバドゥール	39
トルヴェール	39
ドルメン	182
ドレフュス事件	78

●ナ行

ナヴァール王国	108
ナントの王令	57, 58
西ゴート（王国）	32, 33, 36, 134, 143
西フランク王国	37
ネアンデルタール人	22, 23, 110

●ハ行

バイヨンヌ祭り	108
バスク語	63, 108
バスチッド	114, 115, 131, 138, 143
ハプスブルク家	55
パリ・コミューン	73
パリ万国博	105, 118
百年戦争（英仏）	11, 50, 51, 54, 95, 105, 114
ピレネ条約	140, 144
フェット・ド・シトロン（レモン祭り）	181
フランク（人、王国）	33, 36
プランタジュネ家	96
フランドル語	63
ブルゴーニュ派	51
ブルトン語	63
ブルボン家	58, 122
ブレティニーの和約	50
プロヴァンス語	19, 37-39, 63, 167
プロヴァンス伯（領）	163, 171, 177
ペタン政府	117, 123
ベル・エポック	78
ボエニ戦争	26
ボージョレ・ヌーヴォー	75, 153
ポワチエの戦い	94

●マ行

マキ	82, 183
マキザール	82
マッサリア（現マルセイユ）	26, 172
マヨルカ王国	141, 144, 149
ミシュラン	75, 120
ミストラル	18, 162
メドック格付け	105
メロヴィング（朝）	33, 36, 95

●ラ行

ラ・マルセイエーズ	68
ルグドゥヌム（現リヨン）	27
ロタール王国	37

フランスの県と旧州

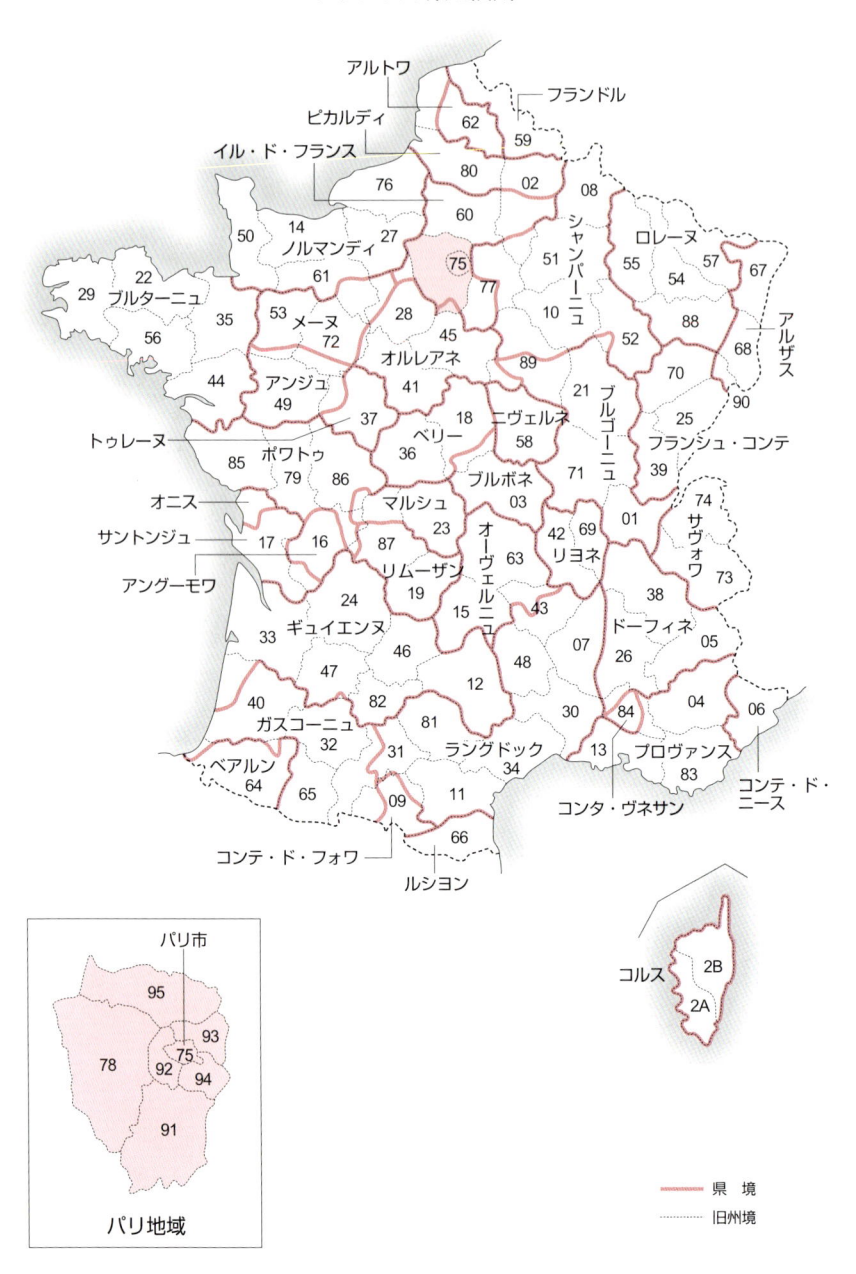

県 境
旧州境

番号	県名	番号	県名
01	アン	48	ロゼール
02	エーヌ	49	メーヌ・エ・ロワール
03	アリエ	50	マンシュ
04	アルプ・ド・オート・プロヴァンス	51	マルヌ
05	オート・ザルプ	52	オート・マルヌ
06	アルプ・マリティム	53	マイエンヌ
07	アルデーシュ	54	ムルト・エ・モーゼル
08	アルデンヌ	55	ムーズ
09	アリエージュ	56	モルビアン
10	オーブ	57	モーゼル
11	オード	58	ニエーヴル
12	アヴェロン	59	ノール
13	ブッシュ・デュ・ローヌ	60	オワーズ
14	カルヴァドス	61	オルヌ
15	カンタル	62	パ・ド・カレ
16	シャラント	63	ピュイ・ド・ドーム
17	シャラント・マリティム	64	ピレネ・ザトランティク
18	シェール	65	オート・ピレネ
19	コレーズ	66	ピレネ・ゾリアンタル
2A	コルス・デュ・スュッド	67	バ・ラン
2B	オート・コルス	68	オー・ラン
21	コート・ドール	69	ローヌ
22	コート・ダルモール	70	オート・ソーヌ
23	クルーズ	71	ソーヌ・エ・ロワール
24	ドルドーニュ	72	サルト
25	ドゥ	73	サヴォワ
26	ドローム	74	オート・サヴォワ
27	ウール	75	パリ
28	ウール・エ・ロワール	76	セーヌ・マリティム
29	フィニステール	77	セーヌ・エ・マルヌ
30	ガール	78	イヴリーヌ
31	オート・ガロンヌ	79	ドゥ・セーヴル
32	ジェール	80	ソンム
33	ジロンド	81	タルン
34	エロー	82	タルン・エ・ガロンヌ
35	イル・エ・ヴィレーヌ	83	ヴァール
36	アンドル	84	ヴォクリューズ
37	アンドル・エ・ロワール	85	ヴァンデ
38	イゼール	86	ヴィエンヌ
39	ジュラ	87	オート・ヴィエンヌ
40	ランド	88	ヴォージュ
41	ロワール・エ・シェール	89	ヨンヌ
42	ロワール	90	テリトワール・ド・ベルフォール
43	オート・ロワール	91	エソンヌ
44	ロワール・アトランティク	92	オー・ド・セーヌ
45	ロワレ	93	セーヌ・サン・ドニ
46	ロート	94	ヴァル・ド・マルヌ
47	ロート・エ・ガロンヌ	95	ヴァル・ドワーズ

県番号は基本的に県名のアルファベット順に付され、郵便番号や自動車のナンバープレートに用いられている。

執筆者紹介

福井　憲彦　ふくい　のりひこ
1946年生。東京大学大学院人文科学研究科修士課程修了。
現在、学習院大学学長。
主要著書：『世界歴史大系　フランス史1-3』（共編、山川出版社　1995-96）、『世界の歴史21 アメリカとフランスの革命』（共著、中公文庫　2008）、『世紀末とベル・エポックの文化』（山川出版社　1999）、『近代ヨーロッパ史』（放送大学教育振興会　2005）、『ヨーロッパ近代の社会史』（岩波書店　2005）、『歴史学入門』（岩波書店　2006）、『近代ヨーロッパの覇権』（講談社　2008）

稲葉　宏爾　いなば　こうじ
1941年生。東京教育大学卒業。
雑誌「アンアン」「クロワッサン」「エル・ジャポン」などのアートディレクターをつとめたのちフリーとなり、各種出版物のデザイン、アートディレクションを手がける。1987年からフランスに在住。
主要著書：『写真を活かすレイアウト』（印刷学会出版部　1987）、『ガイドブックにないパリ案内』（阪急コミュニケーションズ　1997）、『パリからの小さな旅』（阪急コミュニケーションズ　2002）、『フランスぶらぶら案内』（阪急コミュニケーションズ　2003）、『路上観察で歩くパリ』（角川書店　2005）、『パリ右眼左眼』（阪急コミュニケーションズ　2007）

世界歴史の旅　フランスⅡ

2010年1月15日　1版1刷　印刷
2010年1月25日　1版1刷　発行

著　者　福井憲彦・稲葉宏爾
発行者　野澤伸平
発行所　株式会社　山川出版社
　　　　〒101-0047　東京都千代田区内神田1-13-13
　　　　電話　03(3293)8131(営業)　8134(編集)
　　　　http://www.yamakawa.co.jp/
　　　　振替　00120-9-43993
印刷・製本　株式会社アイワード
装　幀　菊地信義
本文レイアウト　佐藤裕久

©2010 Printed in Japan　　ISBN 978-4-634-63375-9
●造本には十分注意しておりますが、万一、乱丁本などがございましたら、小社営業部宛にお送りください。送料小社負担にてお取り替えいたします。
●定価はカバーに表示してあります。

シリーズ 世界歴史の旅

知を求めて旅をする…
世界各地を、国、地域、もしくはテーマごとにまとめた本格的歴史ガイドブック。じっくりと歴史の旅を味わえる、格好のシリーズ。

A5判　2415円〜2940円(税込)

フランス・ロマネスク	饗庭孝男 著・写真
北インド	辛島昇／坂田貞二 編　大村次郷 写真
南インド	辛島昇／坂田貞二 編　大村次郷 写真
トルコ	大村幸弘 著　大村次郷 写真
ドイツ【古都と古城と聖堂】	魚住昌良 著
スコットランド	富田理恵 著
スペイン	関哲行 編　中山瞭 写真
ギリシア	周藤芳幸 編
パリ【建築と都市】	福井憲彦／稲葉宏爾 著・写真
スイス【中世都市の旅】	森田安一 著
ビザンティン	益田朋幸 著
三国志の舞台	渡邉義浩／田中靖彦 著
フランス1【ロワール流域から北へ】	福井憲彦／稲葉宏爾 著・写真
フランス2【中央の山並から南へ】	福井憲彦／稲葉宏爾 著・写真
中国古代文明	鶴間和幸／黄暁芬 著
イタリア・バロック【美術と建築】	宮下規久朗 著
ヒンドゥーの聖地	立川武蔵 著
イタリア【建築の精神史】	池上俊一 著　大村次郷 写真

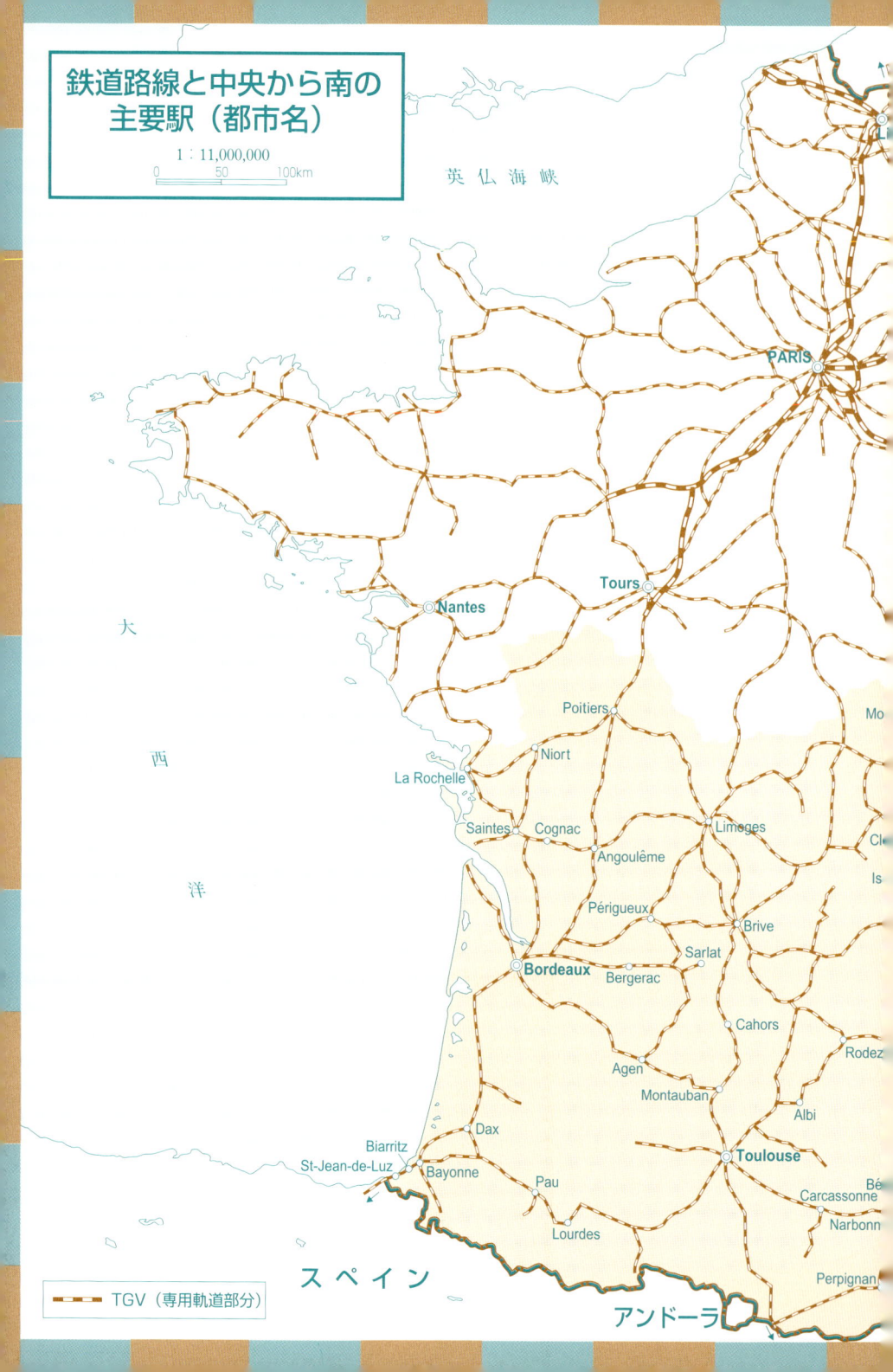

鉄道路線と中央から南の主要駅（都市名）

1：11,000,000
0　50　100km

英仏海峡

PARIS

大西洋

Nantes
Tours
Poitiers
Niort
La Rochelle
Saintes
Cognac
Angoulême
Limoges
Périgueux
Brive
Sarlat
Bordeaux
Bergerac
Cahors
Rodez
Agen
Montauban
Albi
Biarritz
St-Jean-de-Luz
Bayonne
Dax
Pau
Toulouse
Carcassonne
Lourdes
Narbonn
Perpignan

スペイン
アンドーラ

■■■ TGV（専用軌道部分）